GINZA's BAR 45th

山崎　勝正
YAMAZAKI KATSUMASA

駒草出版

本書は、著者が出した手紙の内容を引用している箇所がありますが、その独自性を尊重するために、手紙の内容をそのまま使用しています。なお、文中の手紙は、著者が毎月請求書に同封している手紙の実物です。

のぞみ

目次

I　青の時代

一九六六年。

俺の「のぞみ」が、銀座の街に生まれた。

気取った経緯なんかなくて、成り行きのオープンだった。

だけど、始まりなんてものは、いつだって唐突だ。逆らえないし、抗《あらが》えない。その上、流される。それでも、時代の流れに飲み込まれていく粋がっていた二十六歳の俺は、いつだってやせ我慢だけはし続けたんだ。

NCE 1966

一九四〇年。

熊谷と大宮のちょうど中間くらいのところ、埼玉県鴻巣に、山崎勝正は生まれ落ちた。昭和十五年生まれなんて、「勝ったぁ、万歳、万歳！」の頃だから、俺は「勝正」。勝って正しい。正しく勝った。もっとすごい奴は、「勝利」。読みは「かつとし」でも「しょうり」って、そのまんま。だから、同級生に「かっちゃん」はほんとに多い。女の子には、「かつこ（勝子）」ちゃんもいた。


――夏が平和を　返したあの日　夜空仰いだ　終戦日――


一九四五年。

親父が死んだ。

まだ五歳だった俺は、親父のことを知らない。男だけの四人兄弟で、その末っ子。かわいい、かわいいって育てられたわけじゃないけど、甘ちゃんだよな。終戦迎えたのが五歳なんだから、兵隊にとられることもなかったし、戦争にも行ってない。これから行く必要もなくなった。いい時に生まれ落ちたのかもしれない。

長男は戦死して、三男は中学生で死んだ。次男の兄貴が家業を継いだ。ちょうど俺とひと回り離れていて、親父の代わりするみたいに、よく面倒みてくれた最高の兄貴だった。

お袋は苦労人だけど、最高のオンナだった。鮨が中心の割烹料理屋だったから、親父が死んだあとは、お袋独りで大勢の職人や女中を使って切り盛りしていた。だから、子どもがうるさいと、「これでなんか買ってうちで遊んでな」って、金渡してやり過ごす。けど、あの頃寂しかったとか、独りぼっちだったとか、そんな記憶はない。時代が時代だったから、そんなことも言っていられなかった。

そんな俺が覚えている働くお袋の姿は、やっぱり、かっこいいオンナだ。

お袋は、朝から冷や酒飲むような人で、やっぱり血なのかな、お袋にはバーテン始める時に、さんざんたしなめられた。

「バーテンなんてただの瓶《びん》振りだ。しかも、おまえは酒好きなんだから、飲む側で、売る側じゃ無理なんだよ」ってね。

でもね、そんな科白《せりふ》も俺のことわかっているから、なんだよね。

だから、お袋にたしなめられたこととか、忠告されたことなんかを全部やってのけて、店もしっかり出して、軌道に乗った頃、お袋を店へ招待したんだ。お袋も俺も、お互いなんとも言えない感慨深さがあってね。お袋、涙まで流すもんだから……、俺も、ね。

一九六六年の俺は、二十六歳で、まだどうしようもなくガキで、威張りくさって店をやっていた。「おまえ、もう、帰れ」って平気でお客さん帰しちゃったり、酔ってほかのお客さんに迷惑かけるヤツをカウンター飛び越えてひっぱたいちゃったりしてた。

二〇一一年の俺は、好きな店持ちながら、好きな酒売って、好きな酒飲みながら、好きなことを言っている。大好きな酒を、飲む側と売る側の両方やっているから、人生そんなに悪いもんじゃないって笑ってる。

それでも「のぞみ」が自分のものになるまでは、随分めちゃくちゃだった。満たされていることもあったけど、それと同じくらいだけ腐っていることもあって、そんなことの繰り返しだった。

一九四六年。

ばかにでかい家だった。

ガキの頃、友達が来て家の中でかくれんぼなんて始めたら、どこに誰が隠れたかなんて、もうわかんない。布団部屋もあったし、女中部屋もあった。

グンゼ製糸の工場が建ち並んでいて、その町並みに溶け込むように、遊郭もあった。絹の最高の時で、絹の工場があるところは潤っていた。

日本全体が敗戦の爪痕を残して貧しかった当時、小学校の入学式で、まわりはみんな下駄や草履履いてんのに、俺くらいのもんだったんじゃないかな、編み上げの革靴履いて、お坊ちゃん刈りなんて。あの時に、ひとり革靴だもの、やっぱいじめられる。

俺は、いじめられっ子だった。

それがなんとも言えず悔しくって、中学校一年生から柔道を始めた。その頃道場なんて学校にはなかったから、町道場に通って、自分を痛めつけるようにがんがん練習して、どんどん上達した。


一九五五年。

高校に入ってもやっぱり柔道部はなくて、初段を持っていた俺が柔道部を立ち上げた。それも一年生のときにね。それと一緒に応援団もつくった。その頃には、もう俺をいじめるなんてヤツはいなかった。

それでも、自慢じゃないけど、喧嘩《けんか》、勝ったことがないんだ。

ただのバカ、いや、男のやせ我慢、かな。

自分よりデカイヤツとか、小さくても自分より強いヤツとか、そういうヤツらばっかり選んで向かっていくから、いっつも、ぼっこぼこにやられちゃう。そんなことやってると、なんか仲間になっていくんだよね。今の世の中じゃ、キレて人傷つけたり、殺しちゃったり、なんてことになるんだろうけど、お互い生傷《なまきず》つくってると、知らないうちに痛み分け合っていて、いろんなところにいつの間にか仲間ができてんの。

そんなこともあって、一時、高崎線のトップ、番長張るようになった。

ひと月に一回とかふた月に一回、上野でいろんな沿線から集まってきたヤツら集合させてさ、酒盛りするんだよ、高校生が。恐喝した金とか、もの集めて質入れして飲み代つくるとか、なんでもござれで大騒ぎして、何も考えないバカだった。

上野でも、自分達とは違う国のグループがあって、そんな大騒ぎをしているところで、そういうヤツらとぶつかった時には、もう止められない。めっちゃくちゃに喧嘩して、大騒ぎ。

そういうヤツらと大騒ぎして数日後、学校の前に見たこともないヤバいオジさん達が、ぞろぞろ、ぞろぞろ集まってんの。若いのに眉毛の薄いヤツとか、腕力むきむきのヤツとか、そんなのばっかりがぞろぞろいてね。そんなのがいたら、やっぱヤバいよね。その日の放課後は、校内放送が響いたよ。ピンポンパンポンってね。

「今日は正門から帰らないようにしましょう。変な人達がウロウロしていて危険です。特に女子は裏門から帰りましょう」

そしたらやっぱり、次には呼び出し。

「山崎、職員室まで来い！」って。普通の時は、柔道部の部長だったたし、応援団の団長だったから、「山崎くん、職員室まで来てください」なのに、さすがにこの時は、「山崎、職員室まで来い！」だった。

この口調で呼び出しがかかった時は、「あ、また殴られる」ってわかってる。だから気乗りしないまま、職員室に向かった。

それで、行ったら行ったで、だしぬけに教頭に、「おまえだろ」って聞かれる。もちろんこっちには心当たりはあるわけだけど、上野でやった大騒ぎがセンコーにばれちゃ、もっとヤバい。だから、すっとぼけるしかない。それでも教頭からしてみれば、思い当たるのは俺だけだ。「おまえ、とにかく行って見て来い」って。俺も仕方がないから見に行って、「ヤバいよ、センコー、あれは」って、職員室も大騒ぎ。だから、「とりあえず俺が話まとめるから、センコーは黙ってろ、大丈夫だ」って言ってさ。

今は携帯電話ですぐに連絡もとれるけど、当時は、職員室の電話を使って、あっちこっち手当たり次第に知り合いに電話した。山崎クンはお付き合いが広かったから、いろいろな方達が集まってくれた。ドコドコ、ドコドコって、バイク音唸らせながら来てくれたのは、驚いたことに埼玉でもかなりの顔の方だった。メグロ（かつて日本に存在したオートバイメーカー、目黒製作所のバイクの通称）に乗って威圧！ この人が顔を出せば、ほとんどの問題は解決した。そのうちに集まっていたヤバいヤツらも段々いなくなってね。そいつらがほとんどいなくなると、来てくれたヤツらも何も言わずに、ぱぁっと消えるように帰って行く。だから、みんな消えていなくなってから、「おう、もう大丈夫だぞ、センコー」って教頭に声かけたら、怒られるより先に、「山崎クン、ありがとう」だと。笑える話だよな。

そんな俺でも、柔道部も応援団も部活ってやつには熱入れてね。当時俺の高校は野球が盛んで、甲子園目指して、野球部の連中も練習に明け暮れる熱っ苦しいヤツらばっかりだった。千葉の銚子商業と戦うことが多くって、甲子園目指して、大宮球場で関東地区から一校決めるっていうんで、埼玉対千葉で戦ったこともあった。最後、うちが負けちゃったけど、その真夏の応援団長が俺だったってわけ。

その応援団長の映像が「暑いのにご苦労さん」っていうタイトルで朝日ニュースになった。もちろん俺の映像だけじゃないけどね。白い帽子に手袋した駅員、交通整理やってるお巡り、スーツ着たサラリーマン、とか、とにかく暑い中頑張ってるヤツらの特集だった。俺は大宮球場で白い手袋をして、学ランきっちり決め込んで、帽子被って大声張り上げたあとにヤカンで水を飲むってね、そんな映像が十五秒くらいだったかな。それでもニュースになったんだから、有言実行、やることはやってた。いっくら頭がダメでも、俺らしく響く場所を、俺は自分で見つけて光ってた。

ただね、高校二年生の時、芸者と駆け落ちしちゃってね。

栄太郎っていう、まだ半玉の芸者で、いいオンナだった。

埼玉の小さな街でも芸者置屋があって、芸者も五十人くらいはいた。外を知ってから見ればたいしたもんじゃないんだろうけど、俺はまだそこしか知らないから、そんな俺から見たら、きれいでさ。正月には、黒いお引きずりで、ちょいと左手ではしょっちゃって、憧れてねぇ。

そんな思春期の盛んな時に、家がでかいから、もちろん自分の部屋があるんだけど、上の座敷じゃ大騒ぎ。三味線やら太鼓の音が聞こえてくるわけで、そんな音聞きながら、やることなんて、勉強じゃあないよね。ちょっと変な想像しちゃったり、ね。そんなところへ突然、その半玉が酔わされて俺の部屋になだれ込んで来ちゃったもんだから――、それがそいつと俺の結びつき。

まぁ、考えなくても一緒になんかなれっこない。こっちは高校生だし、向こうはいずれ水揚げしてもらうダンナに金かけてもらってる半玉だ。それじゃあ、ふたりで逃げちゃおうかって。当時、駆け落ちなんて言葉も知らなくて、ただ単に高校生と半玉の芸者がふたりで逃げちゃったってだけだったんだけどね。

かわいいもんで、逃げた先が上野の鶯谷。当時で言う、連れ込み旅館、いわゆるラブホテル。その旅館がさ、今でもあるんだよね。

この話は同級生の間じゃあ、もう有名になっちゃってね。

しばらくそこにいたんだけど、金はどんどんなくなっていくもんだから、こいつが自分の指輪だの、帯留め、簪《かんざし》やらを質屋に入れて、それで宿賃払うわけ。

結局、捜索願いなんか出されて、警察に見つかっちゃって連れ戻されて、そのまま無理やり引き離されちゃったもんだから、この野郎って気持ちばっかり募って、もっと燃えちゃうんだよな、懸想《けそう》なんてのは。

そいつは、すぐにダンナに水揚げされて、そのダンナがついた。そうするともう自由の道はなくなっちゃうわけ。

それでもね、向こうは忍んで俺に会いに来てた。だからこっちは、高校生にして間男だよ。座敷が終わって、置屋に戻って、そっからまた忍んで出てくるのを、俺は、ただ待っているしかなかった。午前様なんて当然で、一時なんて過ぎちゃうのは当たり前。こっちは高校生だから、もう、眠くて眠くって。
それでも、いくら待ったって来ない時もある。そういう時は、ダンナに引き留められちゃったってことだよね。待ってさえすれば来るっていうならいいけど、そういうわけでもない。こっちはまだ十六、七だったから、これはほんとにキツかった。
それでもう、大騒ぎだよ。グレちゃって、大いにグレにグレた。体力はありあまってるし、柔道はやってたし、喧嘩三昧の日々だった。だけど、強いヤツにいっつものされちゃってね。殴られて鬱憤晴らしていたようなもんだよ。

——日陰の花でも　咲きたい今日は　夜明にこわれる　髪を結う——

高校卒業して、十八、九の頃、いろいろめちゃくちゃやりすぎて埼玉にはいられなくなってさ、本人にしてみりゃね、どうしようかなって。でも、がちゃがちゃヤンチャなことやってたから、お袋と兄貴に、仕事は、「住み込みじゃなきゃダメだ」って言われて、奉公に出された。出たんじゃなくて、出された。

結局、実家が鮨屋だったから、国分寺の鮨屋に住み込みで奉公に出された。これがまたたまらなくキツイ。甘ちゃんだから、すぐにいやんなっちゃってね。

包丁を研ぐ砥石の始末なんてなんとも言えなかった。下手なヤツが研ぐと、砥石の真ん中ばっかり減っちゃって、使い減《べ》りしていくわけ。そんな使い減りした砥石をあとで小僧が道路に出て、コンクリートの上でザクザク擦《こす》って、いつでも平にしておかなきゃいけない。夏場はまだいいけど、凍っちゃってるようなところでガリガリやらなきゃいけない冬場はきつい。休みの前日は、すごくいっぱい研ぐから、使い減りしちゃう。それをまたガリガリやって元に戻すのがひと手間だった。

砥石には、サンドペーパーみたいにザラザラの粗い「粗砥」と「中砥」、「仕上げ砥」の三つがあって、粗砥が一番早く減る。その代わり、早く平になる。だけど、仕上げ砥はたまったもんじゃない。平になるまで、もう何時間かかるかわからないんだから。明け方になっちゃう。

もういろんなことがキツイなんてもんじゃなかった。一番堪《こた》えたのは、自分の時間がないってこと。愉しみだったのは、風呂と休みの日。

風呂は、銭湯へ行くんだけど、板前が先に風呂に行ってるうちに店はきれいに掃除して、板前が帰って来る頃に、帰って来ちゃってからだとまた用を言いつけられるから、帰って来るぞっていうタイミングで風呂に行く。この時間だけが本当に愉しい自分の時間だった。風呂に浸かって、帰りに焼き鳥屋でビール一杯飲んで。愉しみなんて、そんなもん。

店の休みは、二の日。二日、十二日、二十二日（河岸が休み）。うまいことできてるよ、三十二日はないからね。一の日なら三十一日があるのに。だから休みの二の日は、ほとんど新宿あたりで大騒ぎしてた。新宿は、誰しもに平等に用意されたかのような、青春の門だった。

そういうホントの職人って、俺達の時代くらいまでなんじゃないかなぁ。今は、テレビに出るくらい稀《まれ》だけど、昔は、あったり前にいくらでもそういうのがいた。

その鮨屋の奉公先とうちの実家とでは、行ったり来たりがあったんだろうね。俺が奉公に出た先の鮨屋のオヤジは、うちの実家でできあがって独立したヤツで、今度俺が修行して独立すれば、そこの鮨屋の息子を今度は俺が鍛えるっていうしきたりがあったみたいなんだけど、俺は、完全にそこでぶった切っちゃったわけ。

奉公やめる頃、ひとつ年上の友達が新宿のバーテンダースクールに行ってるのを知って、一度、その学校へ遊びに行ったことがあった。

お酒は、こういう場所でできて、どういう原料でできていて、蒸留やら醸造はどうするとこうなる、とか、みんなが勉強してた。教室には、上下にスライドする黒板があって、教壇が店のカウンターみたいになっててさ。先生が「これとこのお酒を混ぜるとこうなる」って、シェーカー振ってカクテルつくるんだよ。そんなもんガキが見たら、そりゃあ、かっこいいと思っちゃうよ。もう、魅せられちゃった。教室のうしろの方の席で見てて、決めたね。俺にはこれだ、って。

それですぐ兄貴に頼み込んだ。今度は真面目にやるから、バーテンの学校に行かせてくれって。

ほんと、いい兄貴で、高校卒業できたのも、兄貴が相当金を使ったかららしいんだ。その時も結局、いろいろコースがある中で一番長い一年間のコースをしっかり通わせてくれた。俺もこの時ばかりはしっかり学んだ。

卒業する時に、卒業記念創作カクテルっていうのを全員がそれぞれつくるんだけど、それで俺、金賞もらってね。大学で言ったら卒論、専門で言ったら卒業制作みたいなもんかな。でも、その時の卒業生の中で「一番だ」って認めてもらえたのは、照れくさいけど、やっぱり気分はいいもんだった。

カルピス、グレナディン・シロップ、ジン。

シェーカー振って、カクテルグラスに注ぐと、きれいなピンク色になる。これを「初恋」ってカクテルにした。この俺が、柄でもないけどさ。

これが、金賞もらった俺の最高のカクテルで、俺が名づけた、最後のカクテルだ。

そのバーテンダースクールは、新宿に第一号、第二号、第三号って、バーを経営していて、そこへ卒業生や実習生を回していた。だから学校でいい成績を取ると、すぐその系列会社の店でチーフ格で働ける仕組みになっていた。俺もそこで働こうと思えば、すぐチーフ格で店に立てる資格を持っていたんだ。

でもね、それを兄貴に言ったら、「そんな安易なことじゃ絶対ダメだ。おまえは何やらせても甘いんだから、俺が紹介してやるから、待ってろ」って言われてね。

今考えても、やっぱり最高の兄貴だった。

一九六一年。

九月、兄貴に連れられて行った面接先は、銀座「いそむら」だった。兄貴には、「バーテンの学校に行ってたなんて一切言うな。『鮨屋の奉公やっただけで、なんにも知りません。一からやりたい』って言え。学校に行ったって言うんじゃないよ。知ったかぶりもするな。おまえはすぐそういうことを平気で言うから」ってキツク言われた。

学校卒業したばっかりで、まだ背広なんて一着も持っていなかった。だから、松屋で上下全部揃えてもらって、新しい背広を着て、まだ暑い残暑の頃、ネクタイもしっかり締めて「いそむら」の店内の一番道路側の椅子で、汗びっしょりかきながら、畏《かしこ》まって面接してもらうのを待っていた。そうしたら、ビア樽みたいなオヤジが、パパパッと階段降りて来て、こっちは、「よろしくお願いします」って言ってんのに、オヤジは開口一番、「おっ、おまえか。誰々さんの紹介のね、あぁ、使い減《べ》りしなそうだから、明日っから、な」。それでおしまい。

まだ二十一、二の頃。たしかにいつだって俺は、身体勝負だったけど、いくらなんでも「使い減りしなそう」って就職決まるなんて、オヤジもひどいこと言うよ。でも

いそむら　マッチ箱イラスト

そんなこと言われたもんだから、鮨屋の奉公くらいキツイのかって、ヤバいとこ来ちゃったんじゃないかって、思ったけど、実際に働き出したら、較べものにならないなぁんだ、こんな程度かって雰囲気だった。

面接の翌日、「いそむら」のカウンターの片隅に、俺はいた。

「いそむら」のオヤジ、マスターは、磯村信元っていう有名なバーテンダーで、店も銀座で有名なカウンターバーだった。当時のカウンターは、フロアよりも格調が高くて、「いそむら」の大きくて広く長いカウンターの中には、マスターがいて、キャッシャーがいて、マネジャーがいて、一番、二番（セカンド）、三番がいて、そして洗い場に俺がいた。

カウンターの中でただひたすら洗う。さがってくるグラスも、皿もシェーカーも、何から何までひた

すら洗い続ける。そこから眺める世の中も、なかなか悪くはなかった。

昭和三十六年頃は、まだカードもなくて、ほとんどが現金払いだった。ごく一部では年一回払いもあったけど、だいたいはその月のうちの支払いだった。「いそむら」も例に漏れず、カウンターが店の稼ぎ頭だったから、キャッシャーもカウンターの中にあった。そこで支払いが終わったあとに出たお釣りは、洗い場の一番下っ端の坊やの胸ポケットに、チャリンとその小銭が落とされた。「よっ、頑張れよ」って、俺を励ますように。

チップだけで給料の半分以上はあるんじゃないかと思うほど、世の中も、人も、そして銀座も幸せな気分に満ちていた。特に銀座界隈には、そういう心づけのようなやり方があって、お客さんも余裕を持っていたし、チップをくすねるようなヤツもいなかった。銀座で飲んでいる自分とか、働いている自分っていうプライドが、そういうところにあったんじゃないかと俺は思ってる。

銀座
いそむら
GUINNESS
PUB
いそむら

でもね、当時、新聞沙汰になるいろんな事件がある中で、肩書きが「元バーテン」っていうのがすごく多かった。今でこそかっこいい職業っぽくなってるけどね。

かつて戯《ざ》れ歌で、「バーテン様か、神様か、天皇陛下の申し子か、ボウイ百まで、テーブル乞食、コック四十五で野垂れ死に」なんて、自己啓発？ そんなのが口伝で広まって、セカンドあたりがしきりに言ってたもんだよ。

もう四十五年以上前の話。ホントにいい時代を生きちゃったな。

しばらくした頃、「いそむら」のオヤジに、「おまえ俺の知り合いの店手伝え」って命令されて、ほかの店に回された。

ママと女の子のいる小さい店で、「とにかく身元がしっかりしているバーテンが欲しい」って、俺が行くことになった。

その店に行って、俺の人生ちょっと変わったんじゃないかな。

まだ、ボトルキープなんてない時代で、クラブでもカウンターがあって、バーテンダーがいた。いちいちカウンターでつくって、それをボーイがテーブルに持って行く。それがだんだん女の子が席でお酒つくるようになって、ボトルになっていった。ひどい店になると、植木が枯れたりするんだよ。

女の子が濡れたグラスのまま、注ぎ足し、注ぎ足しで飲みものつくるから、「おまえ、つくり直せよ」なんて言うと、「わかった、わかった」、じゃぼ、なんて植木に酒やってさ。ボトルキープは、一本買っちゃった方が早いって言って、残った酒を「じゃあ今度来る時までとっといて」っていうのが始まりかな。

一九六四年。東京オリンピック。

「いそむら」から店を変わって、しばらくした頃、六本木族なんかが流行り始めた。それもあって、俺はあっさりと銀座をあとにした。六本木の「ガウチョ」っていう小洒落た店に移った。

その店で親しくなったお客さんに、千駄ヶ谷に、高級マンションのはしりで、「ビラビアンカ」っていうのがあったんだけど、「その一室でお店やるんだけど、任せるから、やらないか?」って誘われてね、俺もよせばいいのに、ぽんっと話に乗っちゃった。

店をやるからには、俺もその店のオープンに合わせて、知り合いに頼んでグラスに店の名前入れたり、コースターつくったり、店の工事やら設計やらの手続きとって、いろんなことやってたんだけど、ある日突然、その人とぷっつり連絡がとれなくなっちゃったの。よくよく聞いてみたら、その人、ガッチャン、逮捕。宝石屋だったみたいなんだけど、いなくなっちゃうんだから、突然。こっちはもうどうにもならなくなっちゃってさ。さすがに、オープンに合わせて頼んでた果物や生物《なまもの》は、自分の持ってるものとか、あるものを全部現金に換えて払うしかなかった。

十月、東京オリンピックで日本中が盛り上がっていた時、俺の部屋には敷き布団一枚しか残ってなくて、三笠山で寝てた。とんでもなくひどい目に合った。

そんな時に、六本木のお客さんの紹介で、銀座にいい店があって、人を欲しがっているから、よかったら行ってみろって言われてね。そこで「小《お》ぶね」っていう店のオヤジが、拾ってくれたんだよ、俺のこと。

このオヤジが太っ腹なオヤジで、「そんなもん、おまえが払うのは大変だろうから、いいよ。全部持ってこい。支払い金額は俺が払ってやるから、できあがっちまったもんは全部店で使う」って言ってくれて、グラスから何から、全部に名前入れちゃってたから、「小ぶね」の店で「ビラビアンカ」って名前の入ったグラスやら、コースターはひっくり返して使うやらしてた。

そんな頃、ダイスが流行り出して、お客さんが、バーテン相手にやり出した。六つのダイスを使う「ミリオン」ってのがあった。当時、カウンターバーなんてのは、ほとんど毎晩来るお客さんばっかりで、会社が終わるととりあえずひとりで来て、バーテン相手にゲームをして、一週間後に決算して精算してた。銀座は特に常連のお客さんが多かったから、毎日毎日、毎週毎週、勝った負けたで面白かった。

そのうちに、やめりゃあいいのにポーカー始めちゃってさ。調子に乗って遊んでて、ある時、大負けに負けた。当然そんな負け金、いっぺんになんて払えないから分割の証書をある人が俺に書かせたんだよ。その人と俺を拾ってくれたオヤジとでその交渉始めちゃってさ。俺の給料はストップ。家賃、電気、水道代だけ渡すってね。

そしたらさ、そんなヒドイ内容の証書なのに、「小ぶね」のオヤジ、判子押しちゃうの。普通だったら、ちょっと勘弁してやってくださいよ、くらいは言ってくれてもいいのにさぁ……。オヤジもさ、そんな賭け事やってる俺が、よっぽどいやだったんだろうな。待ってましたって感じで、判子押しちゃうんだから。

だからこっちはもう投げやり。捨て鉢。飲むわ、荒れるわ、家に帰らないわで大騒ぎ。

そんな最悪の気分で一週間くらいたった頃、その証書を書かせた人の運転手が、「こちらに山崎さんっていらっしゃいますか?」ってオープン前の店に来てね。「あちらで社長がお待ちなので、ご足労いただけますか?」って。ふてくされて出て行ったよ。そしたら、「ある女性にこういう店をやらせることにしてるんだけど、バーテンが決まらない。ちゃんとしたバーテンが欲しいから、来ないか？　おまえがきちんと金を払う気になってるのはもうわかったから。もし来るなら、オヤジさんが判子押した証書は破ってやるよ」って言うわけ。

その時はさぁ、俺は「小ぶね」のオヤジに頭にきちゃってるわけだよ。もちろん拾ってもらった恩はあるけど、黙って判子押さないでひと言言ってくれればいいのにさぁって。勝手なガキだよね。それでも一方の条件は、証書も破って店もある程度任せるって言うんだから、行っちゃうよね、そっちに。

で、その証書破った社長が、なんと「望月さん」。で、店名が「のぞみ」(望)。

そのあと、よくよく話を聞いてみたら、ビックリ。その女性っていうのが「小ぶね」で働いてるK子ちゃんだった。俺は、彼女と望月社長の間でそんな店出す話が進んでいたなんて、なんにも知らなかった。

かっこいい経緯なんかなくて、語り尽くせないほどの面倒くさい日常やらしがらみを積み重ねながら「のぞみ」が始まったけど、結局、K子ちゃんと望月社長は一年ほどで終わっちゃった。だから、そのあとを引き継いだ俺が、「のぞみ」っていう城を守り始めたんだ。

のぞみオープン当初の外観

Ⅱ　それぞれの十五年、そして……

江戸期の人"都々逸坊扇歌"という人の作で「こうして
こうすりや、こうなるものと、知りつゝこうしてこう
なった」。「愚かの謗《そし》りを承知で人はときに誰の目
にも誤りと映る道を選ぶ」……ナーンテ、かたい
話はなしにして、"春"デアリマス！ご婦人方のファッシ
ョンもちょいと気になる結構な季節、どうです？
「こうなっちゃいます」。……か？

"酔って誘って燃やして捨てて
やっと忘れてまた燃やす"

悠石堂敏

一期　一九六六年―一九八一年　疾駆

目つぶって突っ走ってるようなもんだった。
でも、どこにもぶつからない？
で、ばぁーっと来ちゃったからね！

世の中が一番変わった時代だった。

最初の激変は一九六四年の東京オリンピック。まだ、店はそんなに急激に増えはしていなかったけど。一九七六年頃から、銀座じゃバブルの風が吹き始めていた。

一番いい時だったね、時代が。

「大丈夫?」ってところもあるんだけど、「いいよ、いいよ、行け、行けぇ!」って頃だった。学生運動も盛んで、東大の安田講堂の紛争なんかも慌《あわただ》しく二十四時間テレビ放送されていたり、まだ都電のレールの敷石が残っていたから、それ割って投げるヤツらがいたり、機動隊がすごく目が痛くなる催涙ガスまき散らしてたり、鉢巻きのヤツらが店に飛び込んで来たこともあったよ。

「のぞみ」の近くには、黒板塀で、新橋の芸者の置屋さんが多くあった。数寄屋通りにはずぅっと置屋さんが建ち並んでいて、粋な雰囲気が漂う場所だった。昔の粋も生きているような数寄屋通りで、一九六六年、「のぞみ」はスタートした。五月、「のぞみ」誕生の頃は、とにかくまだめちゃくちゃな気分だった。二十六歳、独身。店も望月社長に任されてやってるだけの俺。まだまだガキで、銀座あたりで飲んでる人は、四十、五十代の人達だから、店に入ってくるお客さんも含めて、俺が一番若かった。中小企業の社長が多くて、それこそ二号さんなんかを平気で囲えたような最後の世代だろうね。

客足は、オープンしてからすぐ増え始めた。

生意気なガキでも、やってこれたのは、時代がよかったのもあるけど、店や先輩、仲間の力があったからだった。「いそむら」や「小ぶね」からの流れや引きがあったりして、お客さんに恵まれた。特に勝子ちゃんていう子がいてね。お客さんをたくさん紹介してくれた。大酒飲みで顔が広い深川生まれの江戸っ子。

今はロスで生活してるけど、日本に戻ると必ず店に顔出してくれるよ。

BAR & RESTAURANT
NOZOMI
chome, Ginza
chuo-ku

オープン当初は、大きくて厚い木に葡萄の葉っぱが彫られてて、のぞみの文字の下にBar & Restaurantって彫られた木彫りの看板を吊って、両脇からスポット照らして横に出していた。当時は釣り銭袋なんていうのがあって、その看板と同じようなデザインの小袋を用意して、それに釣り銭を入れてお客さんにお返ししてた。

ところが、「のぞみ」がオープンした頃って、海外旅行者が増え始めた時期とちょうど一緒で、外国のお客さんがウエイティングバーと間違えて入って来ちゃってたんだよね。この奥にレストランがあると思ってるわけ。断るにも俺横文字なんてできないし、これじゃあマズイ、どうにかしなきゃいけないと思ってた時に、たまたま新聞かラジオで「西洋膳所《せいようぜんどころ》」っていう言葉を知った。カウンターでものが食えて、酒が飲める店のことをいう言い方だって。

で、これだ！　ってすぐ「西洋膳所」に変えた。

西洋膳所
のぞみ

「Bar & Restaurant」じゃ外国の人がウエイティングバーと間違える。じゃあ「西洋膳所」になった。そうしたら、今度は日本人で勘違いしたヤツがいたんだよ。

近畿地方の進学校で、野球で有名になった「ぜぜ高校」ってのがあって、そこが、膳所って書くもんだから、「いいかぁ？」って初めてのお客さんが覗くから、「ああ、どうぞ、どうぞ」って入れたら、「あんた、ぜぜ？」って言う。最初なんのこと言ってんだか全然わかんなくてさ。そのうち、「ちゃうちゃうちゃう、ここ、ゼンドコロって読むんだよ。ぜぜ高校の膳所じゃないんだよ」ってね。たしかに、そんな言葉は一般的には知られていなかったから、勘違いして入って来た膳所《ぜぜ》高校出身のお客さんがひとりいた。今もうちのお客さんだから、もう四十年になるのかな。

今のチーフ、濱川《はまかわ》が来るまでの五年間は、いろんなコックがいた。

一番最初のコックは、同級生だった。本人はバーテンになりたいって言うんだけど、ちょっとそういうタイプのヤツじゃなかった。それで「いそむら」の先輩のコックに相談したら、店紹介してくれたんだよ。しばらくそこで修行してたんだけど、俺が独立するって時に、「のぞみ」に来てもらったんだ。銀座に出てこれたって俺にも感謝してくれてた。

だけどね、ある時引き抜かれちゃったんだよね。まぁ、やってることは一緒だよ、俺と。「いそむら」から六本木行って、拾ってくれた「小ぶね」のオヤジ裏切っちゃうんだから。まぁ不思議なことに、こいつも引き抜かれて行った先が、六本木。ちょっと無理がたたって早死にしちゃったけどね。

左が一番最初のコック（大島）

そのあとにもいろんなヤツが来たけど、面白いのがいた。

二、三時間で辞めちゃったヤツがいたんだ。ある人の紹介で来て、「何すればいいですか」って言うから、「ちゃんと掃除がきれいにできなくちゃダメだよ」ってトイレ掃除させたんだよ。

それで、掃除し出したはいいけど、いつまでたってもトイレから出てこない。だから、何やってんのかなって見に行ったらさ、タイルの目地、一個ずつ擦って磨いてんだよ。今の「のぞみ」のトイレは、大きめのタイルになったけど、昔はよくある楕円形みたいな小さなタイルが全面に埋めつくされていたわけ。優《ゆう》に千枚以上あったんじゃないかな。それをさぁ、一個ずつ磨かれちゃ、たまったもんじゃないよね。ホントにずっとやってっから、「どけっ！　掃除ってのは、こうやんだ」って、ひと通り終わって、俺が出てきたら、そいつ着替えてるんだよ。「なんだ、おまえ」って言ったら、「すみません。帰らせていただきます」って帰っちゃった。だから、ヤツは、たいしたもんだよ。二時間近くトイレに籠《こも》って、それで帰ってってたんだから。あれには

IT'S REALLY
DIFFERENT

ホントに驚いちゃってね。そういうのをじっと我慢して使ってやれるような度量の男だったら、俺ももうちょっと違ってたのかな、……ちっさかった。

もうひとり、印象に残ってるのは、あるお店にいたんだけど、その店がなくなっちゃうから使ってよって言われてね。しかもその店の寮にいたもんだから、住むとこもなくなっちゃったわけ。だから、いいよって言って、来たんだけど、ビニール製で三つ折りにたためる「ボンボンベッド」でいいからって、店終わってから、店で寝てたんだよ。とりあえず、どうにかなるまでって思ってたけど、やっぱり身体壊しちゃったね。

一九六七年、結婚。

女房とは、小中高と一緒で、俺が芸者と駆け落ちしたこととか、喧嘩ばっかりしていたこととか、みんな知ってる。まぁ街中が知ってたようなもんだったから、仕方ない。

高校出てからはしばらく会ってなかった。

彼女の勤め先も銀座。銀座松坂屋でキャッシャーをやってた。それが偶然バッタリ、「おおい、なんだよ」って、銀座で再会した。

ちょうどその時、彼女は地下鉄の銀座線で大怪我して、両膝に真っ白の包帯を巻いてたんだ。これがまた、なんとも痛々しいっていうか、儚いっていうか。で、しばらく付き合って結婚申し込んじゃった。

もともと彼女の実家はオヤジさんが国鉄の社員で「お堅いお家」だった。関係ないけど、オヤジさんの名前が鉄太郎。もうそれだけで近寄り難いお堅さを感じちゃうよね。そんなもんだから、彼女、熱出して三日くらい寝込んじゃったんだよ。彼女自身は俺と結婚しようと思っているんだけど、オヤジさんになんて切り出せばいいかわからなかったみたいでね。それもそうだよね、俺の高校時代のそういうもろもろって、町内だからみんな聞こえ聞こえで、当時はあいつが通るぞって、指差されたぐらいの大騒ぎだったんだから。

その頃は、当たり前だけど、キスすらしたこともなくって、キスをしていいかどうかをお断りするような時代だった。お遊びの相手じゃない彼女には、まず何もできなかった。いいオンナ？　でした、が。

結局、お許しが出て結婚したのは十月十二日、俺の誕生日。それもなんと日比谷の日活ホテルで。あの頃、裕次郎や小林旭なんかもみんなあそこで結婚式をしたんだよ。

女房はほんとに従順。だから亭主関白をやらせてもらってる。俺はすっごい我儘《わがまま》だけど、それは結果的には、やせ我慢だったり、男の見栄だったりがあるんだよね。我儘なんていうのは、みんな妥協しちゃえば、こんな楽なことはないだろうけど、てめえの言うこと通そうとするからには、それやんなきゃなんない。最後に振り返った時、それでもまだ納得できないっていうなら、それはホントにただの我儘だろうけどさ。

それでも当時は、まだまだ若いし、ホント生意気な野郎で、あるお客様は、「今だから言えるけど、あの方の紹介じゃなければ、こんな店来ないと思った」って。

なんっていうか、我儘で、それにプラス、ちょっとシャイっていうか、照れっていうか、田舎もん独特の、なんて言うのかな、あったんだよ、ひがみが多少。周りはなんとも思ってないのに、てめえが勝手にそう思い込んじゃってたりしてね。

コンプレックスなんじゃないかな。

でも、コンプレックスも持ってないと、この野郎っていうのが湧いてこない。負けてたまるかっていう、そういう気概だから。その気概が、どういう形で出るかだね。気づかないうちに大きな違いが出てきちゃうけどさ。元バーテンになっちゃったらヤバいけど、俺は今バーテンだからまだいいじゃない。まぁ、そろそろ元バーテンになりたいけどね。卒業。

店にはいろんなものが飾ってあるけど、そのほとんどがお客さんからの贈りもの。俺の好きなように置いてるけど、マリリン・モンローは俺の憧れだった。当時は、モンロー、ヘップバーン、ソフィア・ローレンの三人だった。

二十代、憧れの女性がいた。その女性はモンローみたいに儚く消え去ってしまったけど、俺の憧れを壊さないまま、昌ちゃんは、いつだって言うんだ。

「かっちゃん、ちょっと一杯ちょうだい」って。

近くのクラブのホステスで、気風のいい、いいオンナだった。見栄えは当然いいけど、それほど飛び抜けていたわけじゃない。それよりも立居振舞や着ているものが、派手じゃないけど、いいものを着こなしていた。いいお客さんを持っていなければ、そんな贅沢はできないし、ヘルプじゃそんなことはできない。彼女は、ヘルプから上がって、いいお客さんを持って、そういういいオンナにきちんと成り上がったわけ。その成り上がっていく段階で、何をやるかによって、決まってくる。ジャズダンスやるか、クラシックバレエやるか、三味線やるか、日本舞踊やるか、お茶をやるか……、きちんと成り上がった人は、仕事以外の何かを必ずやってた。そういうのが立居振舞に出てくる。

昌ちゃんは、三十前後なわけで、ぼくにとって憧れのお姉さんだった。

昌ちゃんが随分あとにダンナとお鮨屋さんを出したんだよね。元いたクラブのみんなは昌ちゃんのことをよく知ってるから、注文が入ると、「おいママ。出前はママが持って来いよ」ってなる。

出前運ぶ時は、すっごい総絞りの風呂敷に、くり抜きのアカ箍《たが》の飯台。俺は鮨屋の息子だから、知ってるわけよ、カチのすげぇの持ってるなって。スシ盛る桶が一枚の木を組み合わせて、アカ箍で、周りを締めた飯台なわけ。中は漆が塗ってあってさ、それを濃紺の総絞りの風呂敷で包んで持って行くわけだ。その時もすんごい着物着て、当時のぎらぎらしてるピアジェの時計をしてるんだけど、割烹着。割烹着をぴしっと着て、出前持って行くんだよ。

お客さんやその店の女の子達がきゃっきゃっ言いながら食べたりしたあと、その飯台を納めて、総絞りの風呂敷を畳んで小脇にもって、「のぞみ」にすっと寄ってくれた。

「かっちゃん、ちょっと一杯ちょうだい」って。

これ、痺《しび》れちゃうよ。ホントに痺れちゃういいオンナ。すっとしていて、きれいな人だった。

この憧れの人が、つい二十年くらい前に亡くなった。

俺、ガキの頃に憧れたのは間違ってなかったなぁって今でも思うよ。そういう線の細さを持っているオンナのよさっていうのが、最近わかるようになってきた。

俺があの人に憧れたっていうのは、人との距離感っていうのかな、あぁ、いいオンナだな、だけど、憧れだなって、ふわっとしているんだけど、軽々しく近寄れない、そういう雰囲気を持った人だったからだろうな。

望月社長に世話になりながら、迎えた「のぞみ」五周年の一九七一年。

望月社長が、「店、買うなら売るよ」って。その代わり、「金のやりくりの技量見てやるから、とりあえず金用意してみろ」って言われてね。ちょうどその頃、女房のオヤジさんが定年退職して、退職金が入って、それから、金を貸してくれたお客さんが四人いた。だからそれを元手に店を買い取ったんだ。

その借金、一年はちょっとオーバーだけど、二年とかからずに完済しちゃったよ。池田勇人《はやと》なんかが「所得倍増」をスローガンに、経済重視の政策を取っていた時だったから、日本中がその波に乗っていた。だから、ついてたっていうのもあるけど、時代がホントに最高の時だった。

その頃だったね、濱川頼房《よりふさ》、チーフが「のぞみ」に来たのも。

多分、人にはある程度、定まった巡り合わせっていうのがあるんだと思うよ。あんな小さな店でふたりきりなんていうのは、俺、我儘だから結構ダメなのに、濱川とはもう四十年になる。本当に辛抱強い男だ。多分彼がいなかったら今の「のぞみ」はないと思う。

チーフ　濱川頼房

ホント、いい人間に巡り会ってる。

お客さんもわいわいがやがや気のいい人達ばっかりで、この頃だったんじゃないかな、花火大会やったのも。

浴衣祭の頃かな、クラブでお持たせに花火を持たせた時期があって、うちあたりの店は、お客さんが最後に寄ってってくれるんだけど、いろんなお客さんが集まったら、なんか、みんなおんなじようなもん持っててね。だから、「よし、じゃあ、みんなで花火大会やろう!」って、店の前で花火大会始めたの。もう深夜。真向かいは老舗の「ぜん屋」さんのお住まい。いい迷惑だよね。だけど、もうみんな酔っ払ってるから、ばんばん打ち上げるわ、がやがや騒ぐわで、そのあと、そのまま三々五々帰って行って、俺もさぁ、もうそのまま気持ちよく帰っちゃったんだ。

それで翌日店に来たら、カウンターの椅子が二脚足りない。

……ゴミで持っていかれちゃったの。

昨夜、花火大会だって言って、表に出したまま、酔っ払ってしまうのも忘れてそのまま帰っちゃったからね。店も開けっぱなしだったら、持ってかれちゃってたかもね。

それから、面白かったのは、美人喫茶の女の子達だ。

今でも覚えてる人がいると思うけど、当時、「コンパル」っていう美人喫茶があった。「コンパル」は、金春通りの角にあって、俺はほとんど毎日通ってた。うちが始まるのと、むこうが終わるのとがだいたい同じくらいの時間帯だったから、四、五人がなんとなく寄ってってくれてた。

「コンパル」で働くには、モデル並みに背が高くて、髪の毛は絶対に長くなくちゃダメだった。もちろんスタイルもよくて、カッコよくなくちゃなんない。

店に入ると女の子達がずらっと並んでて、ひとりお客さんが入るたびに、いらっしゃいませって、みんな顎《あご》から頭を下げるご挨拶をしてくださるの。そういう女の子達がずらっと並んでて、ひとりがすっと行ってお水を渡して注文を聞いて帰って来る。そうすると次に並んでる女の子が、注文の品を出しに行く。そうやって順繰りにどんどん女の子が変わっていく。

その女の子達の数人がよくうちに寄ってくれた。最近は暮れだけになっちゃったけど、オープンの頃は、暮れと正月に樽酒をやってた。

俺も日本酒好きだったんだけど、その中にも樽酒が好きなヤツがいてさ。

昔は、カウンターがL字型になっていて、道路側の方にも人が座れるようになっていた。それで、そこに樽を置いて、カウンターの内側に飲み口つけて、きゅきゅって量《はか》って出してたの。しばらくして、出そうと思ったら口がない。いつの間にか口が外側向いてんの。

そしたらひとりの女の子が静かになっちゃっててさ。

この、樽酒好きなのが勝手に口を外側向けて、きゅっきゅっやってて、俺は俺で、あっちのお客さんと大騒ぎしてたから、樽が向こう向いちゃってんのにびっくりしてさ。そいつはひとりでべろんべろんになっちゃってて、「おい、こんなに飲んだの？」って、樽ん中からっから。

1970年代　のぞみ店内

当時は、誰が払うかで勝負するわけ。みんな自分が払いたくてしょうがなくって、「いっぱい飲んだんだから、わたしが払うわよ」って、こういう面白い時代。まだ俺も三十前だったのかな……。最高だね。

こういう時代に印象に残ってるお客さんは、毎日必ず、必ず毎日来るお客さんがいたことかな。

「のぞみ」が夜の事務所になっていた。

このお客さんを含めて、三人。毎日必ず「のぞみ」から銀座を始めてくれるお客さんがいた。今日は誰がトップで来るかって、チーフと賭けたりしてた。

あの頃は、明日履く靴を靴磨きに磨かせて、「のぞみ」からクラブへ遊びに行く……。そういうことの繰り返しの日々だった。

ビッグスリー　1980 年代

一九七二年二月。

病院の待合室で、あさま山荘事件を見ながら、胃の痛い思いをしてた。

その三日前くらいに、「のぞみ」で慈恵病院の偉い医者に、胃がどうこうって話をしてたら、先生が、おまえ、このままいくと癌だ。一度検査した方がいいから診せに来いって言うんだよ。だから前もって予約してくれていた日にわざわざ検査を受けに行ったんだ。その検査結果待ちの時、待合室のテレビで、鉄の塊をがーん、がーんってあさま山荘に打ちつけてて、もう俺もダメかもって思った。なんだか自分の今の状況が映し出されているようで、衝撃的で、今でもはっきり記憶に映像が残ってる。

ところが、実際には、なんにもなかった。

「先生、俺のこと、癌だって言ったじゃないですか」

「言ったかそんなこと、俺」

あっさりと。たしかにそれくらい脅かされないと俺もきっと検査しなかっただろうけどね。

三か月後、沖縄本土が復帰した。それだって大ニュースなのに、残っている印象は、あさま山荘事件の方が鮮明で、つい最近のことのように、そこにある。

又幇間の話で、お座敷でご挨拶
お辞儀の時に扇子を自分の前に、この線より
お客様は「上座」あたしは「下座《げざ》」に、これを
「結界《けっかい》」と言う。役者の口上の時も同じ、一ツの
扇子で表現する。ナニ？銀座の店にもカウンター
に扇子を一本ってか？

粋などどいうきひとつ…
ちらり乳房が闇夜にうかぶ
月をたよりの身づくろい

二期　一九八二年―一九九六年　激動

みんな走ってたね、がんがん、スッパンスッパン！
俺もちょっと走ったけど、疲れたから一歩引いて、
そんなヤツらを眺めてた。

MATSUYA
三和銀行
三和銀行

俺達の商売は、世の中の好景気、不景気に左右される。銀座でバブルの風が吹き出した頃、街に急激に店が増え始めた。ビルがどんどんできて、その全部の部屋に店が入った。ほとんどが飲食店だ。

銀座が、確実に変わり始めた。

乱立した飲食店の質は当然落ちてくる。銀座の中だけで修行をしたり、経験を積んだ人達がどんどん足りなくなって、足りなくなった人手を補おうといろんなところから人を集めてきた。当時銀座で働きたいっていう人は、男にしても、オンナにしても大勢いたから、人なんかいくらでも集まった。それでいっぺんに人がわぁって増えちゃって、銀座が様変わりした。

俺が銀座で教わったのは、先輩達が、せっかく高く売っていいよっていう場所をつくってくれたんだから、わざわざ安くして売るな。その代わり、高く売ってんだから、自分達も勉強しろよ、自分も高く売らなきゃダメだよっていう教育をされた。

それが今や、この時にばぁっといろんな連中が入って来ちゃったから、いちいちそんなこと言っていられなくなっちゃったんだよね。もうやりたい放題になっちゃった。お客さんも金さえあれば、いくらでも、誰でもオッケイになっちゃったし。そんなのがどんどん増えちゃうから四の五の言っていられない。

そんな風に、外の人間が急に増えた。

銀座で働く女性も、今までは、お店同士のやりとりだとか、貸し借りとかがあったのが、スカウトが街で、直《じか》に素人の女の子に声をかけ出して、そんな、素人がどんどん銀座に入るような時代が来た。それがバブルの頃。

昔はお店のお客さんも多かった。ママのお客さんだけで十分だった。

銀座は随分変わったんじゃないかなぁ。

バブル景気に乗って、街が様変わりしてきた頃、俺の同業者達も変わっていった。まずブレスレットをじゃらじゃらつけて、なんとかっていうすごい時計して、なんとかっていう外車に乗って、なんとかっていう女乗っけて、真黒になってゴルフやってた。キラキラどころじゃなくって、ギラギラしてた。

連中の中には、サラ金関係の営業に抜かれて、そりゃあもうどんどん背広はよくなるし、金は持ってるしっていうヤツもいたね。

そういうのが全部、きれいにいなくなっちゃった。もう誰もいない。そういう大騒ぎしちゃった連中は、もうひとりもいない。

そういう連中がゴルフの帰りに、よくうちに寄ってった。だから、「え、店は？」って聞くと、「そんなの任せちゃってるから大丈夫だよ、いっくらでも入ってるから。マスターも、そろそろさあ前掛け締めて、中入ってないで少しは楽したら？　行こうよ」って、そういうヤツらに何度も言われたよ。

大きなお世話だよ。

たしかに俺の四十代なんて、世の中はバブルの絶頂期だった。でも、俺自身も一番いい時だったんだ。少し落ち着いて、仕事も俺らしくなってきて、それに多分、ガキの頃にちょっとヤンチャしたから、ちょいと引いて物事を見ていられたのかもしれない。それが、俺にとっても、「のぞみ」にとっても、よかったんだろうな、今考えれば。

その時は生意気な一期目の経験があったから、なんて思ってなかった。もちろんそれは経験なんだけど、そういうことがあっただけで、ただ過ぎてきた時間なだけなんだから。それがどんな足しになっているかなんて、自分ではわかっていなかった。若い頃なんて、そんなもんじゃないのかな。

若き日の山崎君

だから人が走ってるのを、ただ見てた。

走ってるのを見てさ、やっぱり半分は羨ましいなと思ったよ。思ったけど、俺の考える遊びとはちょっと違う……っていうか、そういうのを遊びって言うの？　って思ってた。

だから、そいつらと一緒に遊びに行きたいっていうのはなかった。せっかく時間があるんだから、違う遊びがあるんじゃない？　って多分そんな風に感じていたんじゃないかな。

いいよ、いいよ、みんなで遊んでろよ、俺は俺でいいよってね。人から見たら冷静に見えたかもしれないけど、自分が冷静だったかどうかなんてわかんない。ただひたすら勝手だったんだよ、きっと。

俺独りで遊ぶよって。キザ、だったか？

とにかく俺は粋にやりたかった。連中のやってる舶来風の片仮名遊びより、日本の古来的な漢字遊びをね。ネオンより提灯、ホステスより芸者、歌謡曲より小唄、ってね。どっかのナイトクラブに行くくらいなら、お座敷の方がいいやって。だから、ちょっと引いて見ていたけど、俺は俺で、遊んでた。夜、一番わいわい騒いでいたのは、この頃だったから。

今は完全になくなっちゃったけど、当時は池袋にも三業地があった。今はもう高速道路になっているところに、いい料亭があったんだ。西口の池袋警察の斜裏《はすうら》くらいのところになるのかな、右側の奥の方にあった。

まだ「のぞみ」には、チーフのほかに坊やがひとりいたから、九時くらいに一旦店も落ち着くんだよね。で、ちょっとメシ食って来るって言って、ふらっとよく出かけちゃう。携帯なんてないからさ、出ちゃえばこっちの勝ちだよね。

携帯電話が出てきて、世の中も変わった。使っていた洒落だって、もう使えなくなっちゃった。昔は電話して、「おまえ今どこにいるんだよ」、「バカ、おまえが電話してるところに決まってんじゃないかよ」って、大笑いするような洒落だった。それが今じゃ、洒落にならない。

携帯がない時は、逃げも利いた。行ってる店の電話番号は一応伝えておくけど、ぽっと出ちゃえばもうそれっきり。店で首を横に振れば居留守使えちゃうわけだし、店のヤツだってそういうことは心得てた。「本人が首を横に振っています」とは言わないからね。だからそうやって「のぞみ」から足繁く通った池袋の料亭は、いい店だった。

そこの芸者にかなりいっちゃったことがあってね。ちょっと気の利いたヤツでさ。バブリーの頃だったから、ハイヤーで乗りつけたりしてさ。この頃は、とにかく世の中ががちゃがちゃし過ぎてて、銀座のホステスっていうより、芸者に嵌《は》まってた。もともと好きなんだろうなと思う。お袋は別に芸者上りじゃないけどね、実家の仕事柄、座敷もあって、芸者衆が入ってる店だったから、子どもの頃から見てたし、高校の頃にもそんなことがあったし、粋筋《いきすじ》っていうのかな、芸者さんのホステスとは違う気遣いとか、そういうのが好きでね。

そんなわけで俺、銀座で女性関係の噂の立たないヤツだったから、「ホモ」だって言われたことがあるくらい。だって、「のぞみ」のマスターって誰とも噂出ないじゃないかって。出さないよ、そりゃあ。てきとうにつまみ食いはしたけど、そんな深くはならないから。

三業っていえば、普通、料理屋、待合、芸者屋で、本来は、船宿もあるらしいけどね。その三つが一緒になっているから三業地で、料亭だとちゃんと調理場があるから、そこでつくって座敷へ持ってきて、そこへ芸者が来る。けど待合なんていうのは、場所だけで料理はどっかからの仕出しになる。そういう三業地は、池袋だけじゃなくて、新橋にも赤坂にも大きなのがあった。中でも一番古いのは新橋だった。昔は、場所によって、来るお客さんも決まっていたらしい。新橋は、商人。豪商や呉服屋の旦那だとかが遊ぶような場所だった、と。

それが九州あたりから江戸にどんどん侍《さむらい》が流れ込んで来た。商人達が遊んでいる場所じゃないところで、どこか遊べる三業の場所をつくろうって、それが赤坂。だから赤坂には政治家が多い？　国会が近いせいもあるんだろうけどね。

　こんなこと言うと赤坂の芸者衆に怒られちゃうけど、新橋の芸者衆の方が、学識が高かった。それもそうだよね、本当の遊びなんていうのは、金持ってる商人の方がうまいし、粋だしね。侍なんていうのは、お殿様だから。でも、その真ん中に銀座があるっていうのも面白い。

　池袋の芸者衆なんていうと、例えば、歌舞伎座に誰かの贔屓《ひいき》が出る。それで帰りに、「銀座に私の知ってるお店があるのよ」っていうのが、ちょっとした、なんていうか、彼女達の自慢というか、ステイタスというか、だったみたいでね、「のぞみ」にはよく寄ってってくれたよ。

「のぞみ」二期目のお客さん。この世代のお客さん達は、俺と同期、同い年くらいになった。

　自分が若かったのもあるけど、やっぱり一期目が一番面白かった。中小企業の人達が店をがんがん使っててくれた時は融通も利いたから、当然遊びがあった。そのあとに、バブル景気でサラリーマン達がお客さんになったけど、本当の「遊び」がなくなった。

本来遊びってプラスアルファの方が多いはずなのに、そこが抜け落ちちゃったんだよね。お客さん達の会社が大手になればなるほど、きちんと領収書が必要になる。その代わり、会社の金はいくら使っても大丈夫だったから、「回しとけ、回しとけ」って、大騒ぎした。

始めの頃は、お菓子持って、会社へ集金に行くわけだよ。あの頃、持参してたお菓子が、今で言う振り込み代なんだろうね。

当時は、国から出ている領収書の複写を持って行って、小切手が出た。その小切手を銀行へ入金して、やっと現金で引き出せた。以前は五十人規模の会社組織だったら、会社へ行って「この間はどうも」なんてやってると、「社長いますよ」って言われて、ご挨拶に行く。そうするとお車代なんて言って、ちょっとポチを渡してくれた、当時はね。そういうのも、ちょっとした遊びだったけど、その遊びが、この二期目では、なくなっちゃったね。

これだけ使ったから、その分はきちんと払いますっていうだけで、プラスアルファがなくなっちゃった。店以外でお客さんと会うなんて機会もなくなってきて、人にも余裕っていうものが失われてきちゃった。ちょっとぶつかると、すぐぎくしゃくしちゃう。だから、願わずにはいられない。少しずつ失われていった遊び心や少しの余裕を取り戻せるようになったら、お客さんも、「のぞみ」も、日本も、変わるのかもしれないって。

銀座のカウンターバーである紳士が「この街の歩道も随分きれいになり誠に結構だが醜いのが置き看板とバイク、歩道の半分以上を占領している所も、看板に至ってはどんどん中央に出て来る、横にならないと通れない所も、こまったものだ」又「最近目立つのがキャッチである 殆んどが外国人女性、昔の銀座では考えられない! 外でキョロキョロせずにカウンターの片隅でトランプ占いなどして待ったものだ」――と。

"川の浅瀬で始めた恋も 川の深さにおぼれてく"

松田優作が来てたのも、このバブル絶頂期の頃だった。

俺が見たテレビ映画で、アル中の映画があってね。家の近くのパブに通うって設定だったから、イギリスものかな。

アル中の亭主の奥さんが、近所に毎夜亭主が通う店があるっていうので、そこのバーテンに頼みに行くんだ。「うちの亭主が来ても、飲ませないでくれ」って。そうすると、バーテンも「わかった」って言う。奥さんも納得して、その日は帰るんだ、が……。

数日後、店にその亭主がやって来た。アル中だから、あいかわらず手は震えている。バーテンはラスターで、コップを磨いたりして、開店準備をしているわけ。

するとこのバーテン、ラスターをぽんっと亭主の前に置いて、その横にストレートグラスを置く。そのグラスに彼の好きな酒を並々と注ぐんだ。

この亭主はアル中で手元が震えているから、グラスを口元に持ってくるまでに酒がこぼれちゃうんだよ。だから、そのラスターをマフラーみたいに首にかけて、その片端を左手に持って、もう一方の片端を右手に巻きつけて、グラスをぐっと持ってから、左手を下に引っ張る（長いタオルで首の後ろを洗ってる感じ）と、ようやく酒が口元に届くわけ。

そんな話をさ、「ブラックレイン（一九八七年）」を撮り始める前頃から来出していた優作に話したんだよ。「それ面白いな、どうやんの？」って言われて、やり方教えたんだよね。そうしたら、「なんかの時に使うよ」って言ってくれたんだけど、しばらくして、「オヤジ、悪い、悪い、あれ使えなくなっちゃった」って言うんだよ。「どうして」って聞いたら、トライアングルのコマーシャルやることになっちゃったんだよね、三角の角が取れてる黒い焼酎の（一九八八／八九）。

そりゃ、できないよ。焼酎のコマーシャルやって、そんな演技したら、これ飲むとアル中になりますよっていう宣伝になっちゃうからさ。彼も笑ってたけど、もうその頃からすでに蝕まれていたみたいだけどね、癌に。

これは一回なんだけど、優作が連れて来たんだと思ったなぁ。最悪のメンバー、すごいの。内田裕也、岡本力也、かまやつひろし。もう強烈。「のぞみ」のかっちゃんも静かになっちゃって、きゅっと隅に入っちゃう。ロックンローラーと探偵が一緒に来たんじゃヤバいと思うよ。

最近殺伐とした事件が多すぎる。背景に社会の変化が早すぎ、人間にゆとりがなくなっている。特に情報技術の進化はあらゆる物事の手間を素早く省略してくれる。人間関係の手間さえも省略される。『省略の時代』というらしい。そして余ったはずの時間はどこへ!? そこで『スロー』の登場である「スローフード」に「スローライフ」「スローラブ」『遅い』という価値が見直されている。ゆっくり手間暇掛けて仕事に、生活に、遊びに、それと・・・ネ!

"秘めた思いも届かぬまゝに今も語れぬ傷でいる"

「何時かきっと」・・・。

鳩居堂箋

でも、それ以上に印象に残っているヤツがいる。

帰れ、だよ。

金ばら撒いたヤツ。

ひとりはお客さんっていうか知った人で、その人の連れが、アパレル関係の、まぁ有名な会社の人だった。

この野郎が支払いの時に、俺が払うって言い出したの。

「いいよ、いいよ、こっちがお客さんで、うちに帳面もあるんだから、そっちに請求するから、そんな突っ張らなくたっていいじゃないか」

こっちとしては、いつも言うことを言ったまでだった。それなのに、「いいよ、俺から取れよ」って言うから、「まぁいいじゃないですか」って。そうしたら、「おまえ貧乏人だろ、金が欲しいんだろ」って言ったの、俺に。

「ん、ちょっと待って。もう一回言ってごらん」って言ったら、「何度でも言うよ、金が欲しいんだろ、貧乏人」って、今度は貧乏人があとについてきた。

俺も頭にきてね、「じゃあ、ちょっと持ってる金みんな出してみろ」って。そうしたら、ほれ、って、俺の前に財布広げて見せてきた。だから言ってやったよ、「ん？ いくらも入ってないよ、足りねぇよこんな金じゃ、バカ野郎」って。そうしたら、ばぁーって札束ばら撒いて、俺に「拾え」って言ったの。そいつが持ってた金で十分だったよ。随分持ってたんだから。だから「足りない」って言ったのが面白くなかったんじゃないの。それが最後のキレなんだね。

そうしたら、そいつを連れてきたお客さんの方がびっくりしちゃってて、そんなことする人とは思っていなかったんだろうね。だから、止めたりなんかして、わさわさしちゃっててさ。俺は俺でカウンターから外へ出てって、そいつの胸倉つかんで、――そういう時って、ばぁってガキの頃のイメージが出ちゃうんだよね、なんかわかんないけど灰皿つかんじゃってさ。うちの灰皿は大きいから結構危ないんだけど、その野郎を壁にくっつけといて、灰皿顔に当てて、そこぼかーんと殴るとぐっちゃぐちゃになっちゃうわけ――灰皿持って、振りかざした時に、あ、これ、ちょっとやっちやったらマズイなと思って、思いとどまった。

でもね、拾わせた。最後の一枚まで拾わせたよ。

「たしかに俺は貧乏してるけど、ばら撒いた金は拾え、全部きれいに拾って帰れ」って。その野郎もびっくりしちゃったんじゃないの、ブツブツわけのわかんないこと言いながら拾ってたよ。

「金が欲しいんだろ、貧乏人」って、うちに自殺しに来たんじゃないかと思ったよ。

あれはホントにカァッときた。

もう五十代になってた頃かな。俺もバカだよネ。


「のぞみ」が長く世話になってるお客さんは、もっとすごい経験をしていた。

ゴルフの上手な先輩と一緒にゴルフに行って、その日たまたま勝っちゃったわけ。

そうしたら、その先輩にトイレに来いって言われて、トイレのアサガオに負けた分の金を投げ入れられて、取れってやられた。拾えって。

その話聞いて、負けてトイレに金投げ入れたヤツ、俺も知ってるんだけど、「あ、やりそう」って感じ。

昔は先輩の方が断然上手だったゴルフが、いつの間にかそのお客さんの方が上手になっちゃって、勝っちゃったんだよね。いつもだったら金払ってるところが、たまま取る方になっちゃったわけ。本人としてみれば、金取ろうなんて思ってなくって、払うって言われても返しちゃうような人なんだ。すっごい金にきれいな人だから。

でも、その先輩は、カッときちゃったんだろうね。後輩呼んで、トイレでぱっとやって、取れって。金なら払うよって。

で、そのお客さん、そのまま帰っちゃったって。

拾えばもらえたんだろうけど、そんなものはいらないよね。

未だに、ゴルフに勝ったお客さんの会社は元気。いいヤツでね。

でも、そういうのもいるんだよ。男同士って意外とね、そういうところもある。

だから、そんなのに較べれば、店の中でばら撒かれて拾えって言われた方がまだいいかもしれない。まぁ、どっちもイヤだけどね。

だから、そのお客さんの気持ちは、俺にはよくわかる。

それはねぇよなぁ、って。でも、そういうことやるヤツって、だいたいタイプ的に似てるよね。


まぁそんなこともあったりで、俺は金なんて持っていなかったけど、世の中にはね。大手企業の本部長が、年間接待費ウン千万円もらえて、タクシー券は使い放題。女の子に一冊渡しちゃうのも普通だった。

ある時、俺の友達の女の子が、あまり好きじゃないお客さんからタクシー券をもらったんだ。その頃のタクシー券って、いっくら使っても大丈夫だった。でも、タクシー券もらっても、みんな家が近いから口惜しいんだよ。ただ帰るっていうんでも、それじゃあ面白くないし、とにかくみんな、どうにかしてタクシー券を「ドウダッ！」ってくらい使いたいわけ。

だから、どうせならめいっぱい使っちゃおうよってなった。

夜中、新橋の第一ホテルの前に屋台のラーメン屋がいて、そこに待ちで来てるタクシー運転手がいるわけ。おもしろそうなヤツを見つけて、タクシー券の話をして、「みんなでタクシー宴会だ！」って。それで、ラーメン屋のオヤジに、つまみにチャーシューやらシナチクやらを切らせて、そこにある酒とか缶ビールとか買って、それ全部そのタクシーん中に持ち込むの。それでその運転手に、「さぁ行け、高速道路走れ」って、中で大宴会。しかも陽気のいい時期だったから、窓なんて開けっぱなしでがんがん騒いでさ。運転手はいい迷惑だったろうね。でもいい稼ぎになるよ。高速道路、どこ走ったっていいんだから。それでさ、ぐるぐる回ってるもんだから、「おい、またおんなじとこ来ちゃったぜ」、なんて言ってね。でもさ、首都高ぐるぐる回ってるうちに酔っ払って、ひとり寝、ふたり寝しちゃって、静かになっちゃって、もう帰ろうよってね。そうやって使ってみたって、たかが知れてて二万円くらいのもんだった。

でも、俺達は、よおし、これでやったね、って感じ。またやろうね、なんて言ってさ。どっかに行って遊ぶより、よっぽど面白かった。

よく遊んでたのは、男も女も酒が好きな連中で、銀座の横のつながりが人同士の親交も温めてくれていた。そういう連中でわいわいがやがやっていうのが面白くって、「のぞみ」が遅くまでやってると、そのあと必ずどっかに飲みに行っていた。だから、それを店じゃなくて、タクシーでやろうよってなったんだよね。その券使わなくちゃ口惜しいからって。

多分、バブルが弾ける頃だったのかな。そんなことやってるから、やっぱ弾けたね。


一九九六年、「のぞみ」三十周年。

カミさんが一番苦労したのは子育てじゃなかったかな。

俺が仕事とそれ以外……？　に、かなり忙しかった頃だから。それでも泣き言ひとつ言わずに、いい子に育てたと思う。

親が言うのもなんだけど、娘は、ママアできのいい子で薬学の学校を卒業して薬剤師になった。

でも友達に父親の職業の話をするのがすごくイヤだったんだよね。娘からしてみたら、夜の仕事というのがイヤでしょうがなかったらしい。

だけど俺、ホテルでやった店の三十周年記念パーティーの時、いやがる娘に無理やり受付をさせたんだ。

中締めのあと、司会者（俺の友人のアナウンサー）が、娘をパーティーの壇上に立たせて、俺のことを話してくれって突然言った。

娘のヤツ、始めはちょいと上がったらしいが、すぐに落ちついて、俺よりよっぽどうまく喋っていた。

「学生の頃から父親の仕事がイヤでした。

でも今日パーティーの受付をしていて、お祝いに来て下さったお客様方にお会いしてビックリしました。父がこんなに素晴らしいお客様方とお付き合いさせていただいているとは思ってもみませんでした。本当に感激しています。

年記念パーティー

善 所 のぞみ三十周

これから父に対する考え方を変えたいと思います」

だと。俺、思わず涙だったよ。


そんな時期、世間は、どんどん変わっていった。

一九八二年、中曽根が首相になった頃、景気はどんどんどんどん上向いて、バブル景気の最高頂だった。そして元号が平成に変わった八九年、バブルが弾けて、ずどんと底に落ちていった。宇野宗佑と海部俊樹が首相になって、三％の消費税がスタートした。

しばらくすると、元気のない若いヤツらが銀座にいた。ひっそりと不況の始まりが待っていたんだ。そんな不況の真っただ中に没落した日本でも、「のぞみ」にはお客さんがやって来てくれた。昔よりは、ちょっとひっそりと。

今じゃ俺が一番年寄りになっちゃった。

「のぞみ」三期目の始まりだ。

64'に東京オリンピック この年の10月25日に池田首相辞意
表明、で11月9日佐藤内閣が発足。
65'にはノーベル物理学賞に朝永振一郎が、そして
66'には人口が一億人を越えた。ナント 銀座に「のぞみ」が
開店デス！ 佐藤栄作から田中角栄、三木、福田、大
平、鈴木、中曽根、竹下、宇野、海部、宮沢、細川、
村山、橋本、小渕、森、そして小泉……と。
ドッコイ?!「のぞみ」は「浜ちゃん」右腕に「勝正君」一人で40年！
氷《か》ひとつじゃ薄れぬ未練 酔えぬグラスで浮き沈み”
（40周年記念は 5月17日デス、ご予定に）

三期　一九九七年―二〇一〇年　直下

黒文字使いながら、今までの名残を愉しんだ。
汚れも、そのままだと腐るし、汚いから、
奥に詰ったもんをもう一回くっと噛み締めてみた。

消費税が五％になった平成九年、「のぞみ」の三期目が始まった。

俺も苦しかったけど、お客さん達も苦しそうだったよ。

結局、バブルは何も残さずに消えた。むしろ文化がなくなって、悪くなった。便利さばかりが注目されて、使い捨てが流行りみたいになっていった。

よく、男をダメにした三つのものって言われていたよ。

ボールペン、ビニール傘、百円ライター。

かつては、万年筆、洋傘、洒落たライターだった。そういうのをすっと出すのもまた、銀座のカッコイイ男の遊び方だった。だけど、今じゃみんな使い捨て。

煙草吸う人すら減っちゃったけど、でもその少ない喫煙者達だって、ほとんどが百円ライターでしょう。しかもそれが、なんていうか、変じゃなくなっちゃった。違和感なんてないもんね。昔だったら、そんな安っぽいもんをわざわざ銀座で出すんじゃないよって、そんな感じだったよ。

特に最近はキャップ。昔はあれ野球帽って言ったんだよ。それがさぁ、今じゃキャップとか言っちゃって、下手すると庇《ひさし》の方をうしろに回して、銀座で飲んでるヤツもいる。

店に入って左側にある木でできた半円形のやつは、本来、室内では帽子を脱ぐ紳士な男達のために、型崩れ防止対策を取ってんだけどなぁ……。

銀座が銀座じゃなくなってきちゃったのかもしれない。

でも、今でも「のぞみ」にはいますョ、本当の紳士がちゃんと。帽子かけを使ってくれる方がね。

大変だと思うよ、お客さん達も。

今残って来てくれてる人達は、OBも含めて、本当にいい時期を、いいポジションで過ごしている人達ばかり。バブルの時、新入社員じゃバブルの恩恵に与《あずか》ってないからね。あの頃に部長とか、本部長あたりでやっていた人達は、札束ばっさんばっさん目の前通っていくんだからさ。そういうのの名残が、今いるよね。

残った人達は、昔話をしに来るわけ。もちろん全部が全部そうだってわけじゃないけどね。

自分達が一番いい思いをして、退職金もみんな持ってっちゃうから、次に退職するヤツらの退職金がなくなっちゃったっていうくらいの雰囲気。こういう連中は、今は、だらしがないとか言っているけど、おまえらがだらしなくしたんだろうって思うよ。

そんな風にいろんなお客さんを見ていても、それでも、銀座はいい街だよ。

大企業のエリートサラリーマン、銀行員、官庁のキャリア、そんなすごい連中が飲んでいる場所だけど、そういうお客さんと、へたすりゃ中卒のボウイが、対等でいられる街だからね、銀座って。この街にいると、お客さんがちょっと下に降りてきてくれるんだよ。だから、お互い平等になったように勘違いさせてくれる。

でもね、そこで威張っちゃいけない。そういうのは、ちゃんと見られていて、「あ、こういうヤツか」って、さっさと見切りつけられちゃうから。だから、精神的な成長って言うのかな、天狗になっちゃダメだよって、教えてもらえる場所でもある。

銀座で酒を飲むお客さんは、自分のことをわかってる。ひとりじゃ喋れないような人は誰かと一緒に来るし、逆に独りで飲みたい人は、あまり話しかけないでっていう空気をしっかり出してくる。あとは、バーテンを独り占めしたいって人。そういうお客さんの時は、店にいるほかのお客さんが、わかってくれる。みんな長く通ってくれているお客さんばかりだから、「行ってろ、行ってろ」ってね。こういうのは、銀座じゃなきゃ無理なんじゃないかな。

今、経営者はどこまで気を使っているんだろうね。銀座のクラブだって分業化しちゃってるし、ママも何人もいるし。前は、隅から全部が見渡せるくらいのスペースで、誰がどういう席についていて、お客さんの様子がどうかっていうのが、ぱっとわかるくらいの店がいいって言われていたのに、今は大きいばっかりだったりする。

昔の有名クラブには、「ジュン」「ラドンナ」「エスポワール」「眉」なんかがあった。「眉」は、文豪達が集まるような店だった。でも、銀座のクラブで四十年続いている店は、もうないんだろうな。

一番最初の頃の銀座のホステス達は、伯爵だとかの爵位がなくなったところのお嬢様達もいた場所だったから、素養とか教養とかがあってね。きちんとオンナ言葉で話す。

元△△様の次女とか三女とかだから、品があって美しかった……と。

それで、その頃流行ったのが、タダノミヤ様っていう、宮様の名を使って、タダで飲んじゃう「タダ飲み屋」っていう、詐欺師。

「のぞみ」が始まった頃には、まだ少しそんな香りを残した女性がいて、俺が憧れた昌ちゃんなんて素晴らしい人でした。多分、ほかにも大勢いたと思うんだよ。たまたま俺が知った何人かの中のひとりが昌ちゃんだっただけの話でさ。だけど今は、そういう人を探そうと思ったら大変だろうね。前は一軒にひとりくらいはいたんだろうけど、今は百軒にひとりみたいな感じじゃないの。

——うぶで気弱で　ウソなどとても　うまく言えぬと　ウソをつく——

高校時代、教師に、おまえ何になりたいんだって聞かれて、その第一志望が、噺家《はなしか》だった。

兄貴が落語好きで、鈴本の寄席なんてのは、小さい時からよく連れていってもらった。それに、江戸弁習うなら落語聞けって、兄貴に言われてさ。俺自身、憧れたこともあったから、今じゃ江戸っ子で通っちゃう？

あるヤツに言わせると、俺は今、一期、二期、三期目で、しゃべりのランクが少し上がってきて、第三期目の舌頂期なんだと。絶頂期じゃなくって、舌頂期。本当に噺家になろうと思ったこともあったけど、頭が悪いとダメなんだよね。だけど日本の文化というか、憧れというか、せめてと小唄は習ったね。今でも小唄や都々逸は大好きだ。

――闇に散らして　消したい罪の　愛の名残か　遠花火――

こんなのを一緒に載せて送り始めた請求書も、今じゃもう四十年以上になる。書き始めたのは、俺がまだ二十六の頃だった。一番初めに書いた文章なんて忘れちまったけど、銀座に生きる中で忘れちゃならないこと、いや、日本人として忘れちゃならないものを少しずつ埋め込んでいこうとしていた。

だから、摩耗して鈍くなった心が渇望したものが、ここに見えてくるなら、それは俺様の戦略に嵌まったってことだ。

書き出したきっかけは、個人タクシーの運ちゃんとの出会いだった。

店の前から酔っ払った俺を何度か乗せたことがあったらしくて、話しているうちに、二十代のチンピラをこのオヤジさんが気に入ってくれたんだよね。このオヤジさん、新聞社の記者だったらしくて、定年退職して個人タクシーの運転手をやってたんだ。六十くらいだったのかな、世の中斜《はす》から見てる人で、すぐに息が合った。

当時は、九割方がツケで、請求書を出す時に、「ありがとうございました」ってひと言添えてたんだけど、そのオヤジさんが「請求書出して、『ありがとうございました』？　陳腐《ちんぷ》だな、おまえは。その程度しかできないのかよ」って言ってきたんだよね。ただの個人の運転手だよ、こっちもカチンときて、「この野郎、じゃあ書いてみろ」って言ったら、これがなんともすごい。この人がいろいろ書いてきたんだけど、書道家でもあったらしく、かな文字の人で、達筆すぎて読めない。続けて書いてあるからなんにもわからない。

きのふけふ
ゆきにとちめる
　　　　　芭蕉

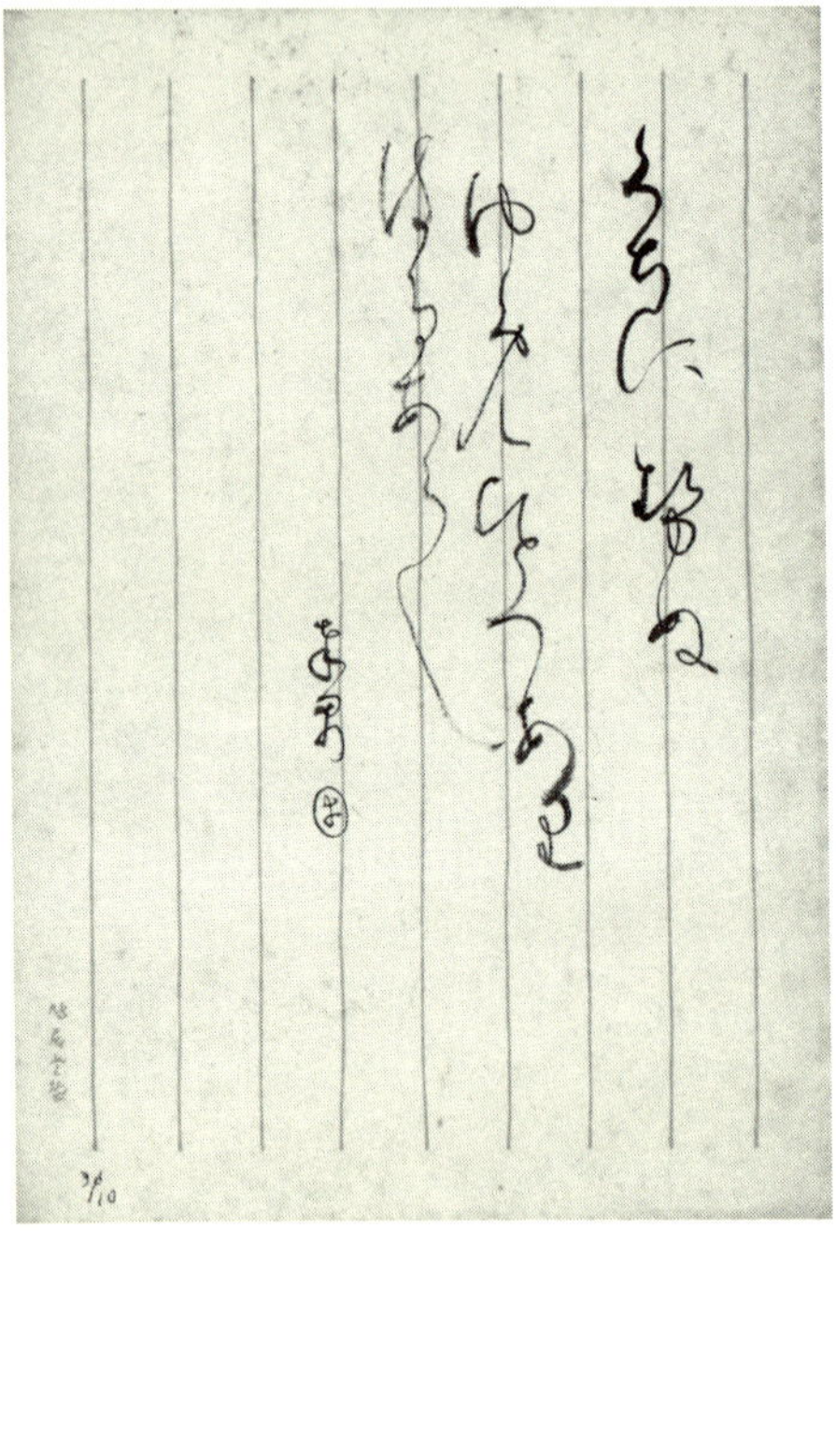

それでその翌日、これじゃ読めないから書き直してくれって言ったら、次の日、文字は読めるけど、今度は内容がわからない。『枕草子』だかなんだかの物語をもじって、ちょっと艶っぽかったりするんだろうけど、俺には意味不明。だから次は、意味を訳せってね。

「バカ。これはこういうことに引っかけて、こういうことを皮肉ってるんだって」

結局、三段階で説明してもらう羽目になった。

その難解な文章を解読したあと、オヤジさんに「どうせ出すならこういうのを書くんだよ。『この間はありがとうございました。またいらしてください』とかじゃなくてさ。今はこんな時代だけど、こうやって来てくれて嬉しいっていう感謝の気持ちを何かの形に変えてみろ」って言われたのが、始まりだった。

だけど、俺にはそんな難しいことはわからないから、自分で考えるって言って、完成するたびにオヤジさんにそれを見せてたんだよね。

それがさ、そのオヤジ、また小憎たらしくってさ、見せるたびに、タクシーの窓開けて、丸めて捨てちゃうんだよ。こんなんじゃダメだって言ってね。

そのオヤジさんが、あるお方の、ゴルフの送迎の運転手をしたんだけど、そのお方は新宿のお殿様。それで、オヤジさんがこのお殿様に、「いつも脂っぽいものばっかり食べてないで、たまには焼そばでも食え」って言って、うちを紹介してくれたんだよ。俺は最初その方がどういう方なのか全然知らなかったんだけど、あとで聞いて、お殿様だとは驚いた。

最初が焼そばですぞ！


そんなこともあって、請求書に手紙を入れ出したのは二十代の後半だから、もう随分長い。

便箋一枚で仕上げないといけないから、これが意外と大変でね。時には、書かなくっちゃと、切羽詰まってる時とか、二日酔いで書いたのとかあるわけで、全部が全部納得しているわけじゃない。忙しい時は、もうこれで勘弁してもらっちゃおうっていうのもあるからね。

若い人達の電車内でのマナーをとやかく言う方がいらっ
しゃいますが最近は中高年の方々も。年配のご婦人が
大きな買物袋をご自分の座席横にドサッ！或は企
業OBとおぼしき男性方が昼3時頃かなり聞こし
召して大声で話しながら（多分耳がて）乗り込んで
ワイワイとかなりのスペースを占領！「お勤めの時には
それなりのポジションにいらした人達？でしょうがネ」！

〃鳴きくらす鶯の音によろこびの
色をそへても出《いづ》る月かな〃　後水尾院

春ですね！

「聞こし召して」っていうのは、昼間っから酒を少し余計に飲んじゃうっていう意味でね。これを「酔っ払い達」と書いちゃうとおもしろくない。「聞こし召して」でないとおもしろくない。

一流の企業に、多分、お勤めだったろうと思われる方達が、「聞こし召して」いらっしゃってね。昼間っからなんて最高においしい酒でしょう。その方達が、電車の中で、かなりのスペースをとって、大騒ぎしてるわけ。その上声も大きい。つまりは、多分、耳が……ってことだよね。

そんな風に日常の風景を切り取りながら、毎月の文章を考えていると、日本語って、いいんだよ。おもしろくてしょうがなくてね。落語も、いろんな噺家を聞いているから、自分でだって、ひとつやふたつくらい噺はできる。

それこそ一番日本語を上手に響かせていると思っちゃうのは、この都々逸だよね。

――九尺《くしやく》二《に》間《けん》に　すぎたるものは　紅の付いたる　火吹竹《ひふきだけ》――

「九尺二間」がどんなものなのか想像して、それで語呂もまた日本人ならではの音の響きが心地よく耳に馴染んでくる。

とにかく三期目は、味、だね。

一時、習っていた小唄で、「味」っていう小唄が徹底的に詩がよくて、唄もいい。この小唄は大好きな唄なんだよ。


——のめばのむほど酒の味　語り明かせば人の味　男が男に惚れた味——


そういう味をわかった時期なんじゃないかな、今が。味がわかるっていうか、味わっているってことかな。

今までずっとやってきて、今、本当に味のある人達がわかるような歳になった。特に、男の味ね。まぁ、男と限らず、人の味はなんとなくわかってきたようなつもりになってるんじゃないかな。

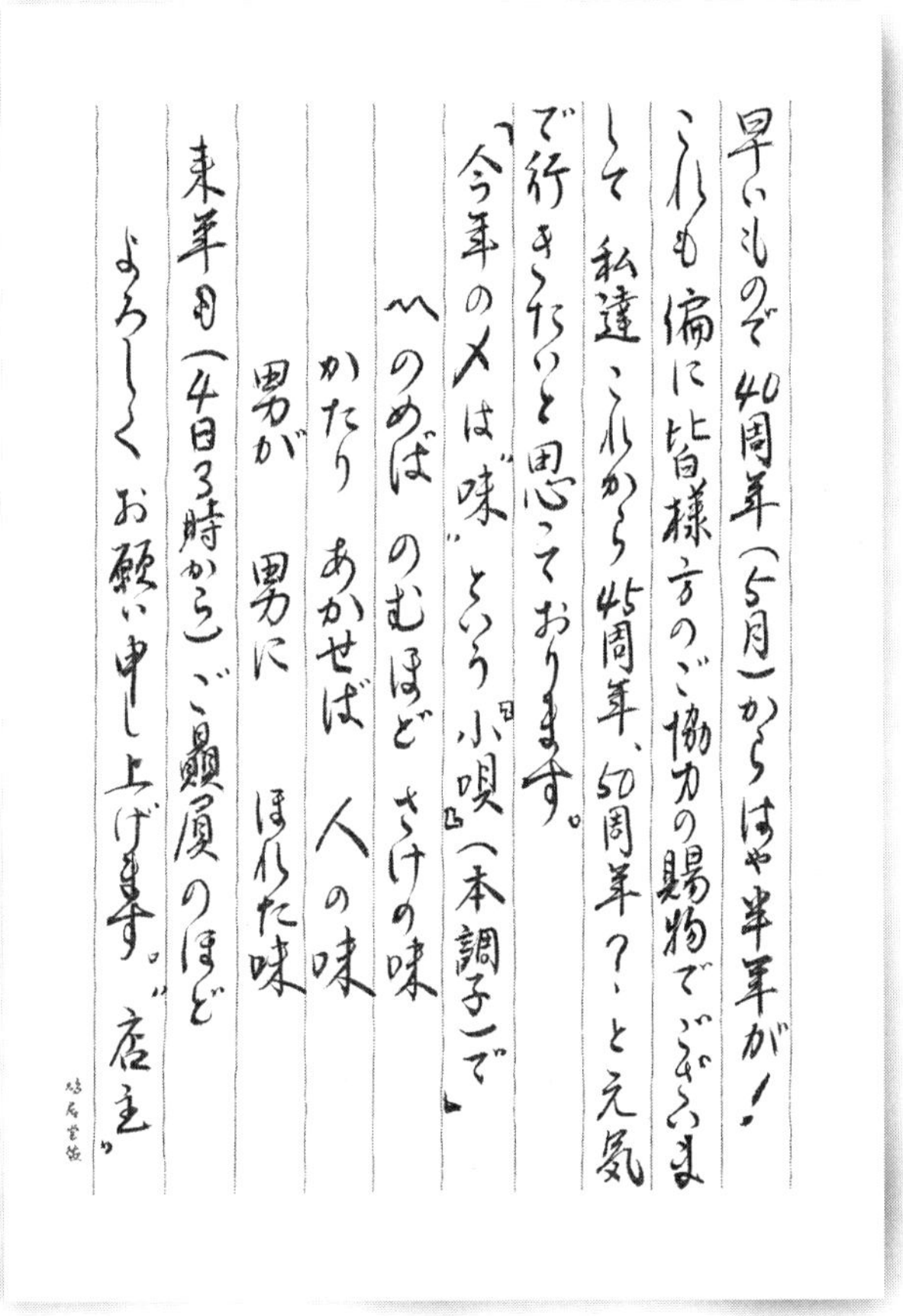
早いもので40周年（5月）からはや半年が！
これも偏に皆様方のご協力の賜物でございま
して 私達、これから45周年、50周年？と元気
で行きたいと思っております。
「今年の〆は"味"という小唄（本調子）で
〽のめば のむほど さけの味
かたり あかせば 人の味
男が 男に ほれた味
来年も（4日3時から）ご贔屓のほど
よろしくお願い申し上げます。 店主

とりあえず今は、次の十五年の始まりをぼんやりと、でもしっかりと眺めてる。

二〇一一年は、思いがけないことが多すぎて、今までの人生の中で、多分最悪じゃないかな。

七十年代に起きた二回のオイルショックは、一年くらいかけて、どうにか日本経済が立て直された。そのあとはなんとなくフワフワときて、今度は二〇〇七（平成十九）年にリーマン・ショックの大打撃があった。あれから日本は立ち直れないままやってきて、どうにかこうにかして低いレベルのままだけど、やっと平静を取り戻してきた。そうしたら、今回の大地震と津波が日本を直撃した。ちょっともう問題が多くなりすぎちゃって、やめちゃおうかなって、本気で考えた。

お客さんが来るか来ないかわかんないこの商売、待ってるってキツイ。もう今日は来ないだろうなって思っても、やっぱりそうそう店を閉められるわけでもないしね。

東日本大震災の三月十一日の金曜日、「のぞみ」は満員御礼だった。帰宅難民でね。みんな、あのオヤジだったら必ずやってるぞって言って集まってきてね。

だからもう、その日は割引料金！

そんな時にやっぱ、まともな金なんか取れないよね。そうしたらさ、翌週みんな店に来てくれてね。「ありがとう、助かったよ」って。で、結局その日も、またみんな帰れなくなっちゃってね、余震で。「今日のはどうすんだよ」って言うから、「今日のはダメだよ」なんて言ってね。

こんな大変な時に酒なんか飲んでる場合じゃねぇぞって話だよ。でも、酒でも飲んでなきゃね。冗談でも言いながら。

捨てる神あれば、拾う神ありってよく言ったよね、昔の人は。俺は、誰か（何か）に捨てられると、ずっとうまい具合に拾う神に拾われてきた。それで、この五月を迎えた。四十五周年。拾われ続けて、ちょいとやばい時期にみんなに祝ってもらえるなんて、最高だね。多分、人はいつだって、救われるんだよ。自分がそれに気づく力があるのかどうかは、また別の話だけどさ。

四十五周年には、中尾彬さんが生ハムとそれを切る台を送ってくれてね。あれだけで何十万もするらしいんだけど、「よし、じゃあ俺が送っておくよ」ってね。

中尾さんがいらっしゃると、たいていカキフライの話になる。いろんな方といらっしゃるから、一緒の方に、「何をつけて食べますか」って、必ず聞くの。その答え聞いて、「ほらー、子ども」とか、話したりする。

タルタルソース、ウスターソース、とんかつソース、しょう油、塩、レモンだけ、とかってあって、中尾さんはウスターソースで、俺はとんかつソース。

「なんでとんかつソースなんだ？」

「ドロドロしてて旨い」

「とんかつソースは、とんかつをつけるからとんかつソースなんだ」

「昔はとんかつソースしかなかった。ブルドックのね」

そんなくだらない話しながら、お互いにいちゃもんつけあうんだけど、オンナ子どもに多いのがタルタルソース。たまにケチャップっていう人もいる。何を選ぶか、聞いてみているのも面白いもんなんだよね。

ここ二、三年梅雨の有り様が変ったと思いませんか？
列島至る所で滝のような雨（大雨、洪水、警報）おま
けに「雷」まで、降り方に風情がないネ。昔はひと風呂
浴びて浴衣に着替え紫陽花など愛で軽く冷やし
た辛口に「いさき」の塩焼、もちろん（じんねこ）で。
『雨㋓が静か㋐に降る㋒日暮の町外れ㋓し』なんてネ！
梅雨は静かで情緒的でなきゃ・・・。厚底姐ちゃんや
茶髪兄ちゃん達にはおわかり頂けないでしょうナ。
“なまめく浴衣になで肩抜いて
なれた手つきでなおす髪”

鳩居堂製

四十五周年といえば、チーフの濱川が一週間休んでね。精神的にキツかっただろうよ。お祝いの一週間、丸々一週間店を休みやがるんだから。店が一番大盛り上がりの時に入院してて、出てきたと同時に四十五周年記念もおしまいになっちまいやがんの。四十五周年終わったあと、「こっから血が出ちゃってさ」、なんて言ってお客さん笑わせてたけど、そんな忙しい時に、あいつはキツかったろうね。言わないけどさ、きっと俺よりキツかったと思う。あいつもホント、いいヤツなんだよ。

俺も四十周年が終わった頃、京都のタクシーに乗っててヒドイ目に遇ったけど、左腕一本だったから、三角巾しながら店に立ってたの。あの時に乗ってたタクシーの写真を見ると、誰もが生きているとは思わない。もうメチャクチャ。

でも、俺はシェーカー勝負じゃなくて、口勝負だから、助かった。シェーカー勝負だったら左腕使えないと駄目だけど、俺はお話勝負だからさ。

入院してベッドで寝てると、なんでも言うことをきくから、早く治して退院させてくれって、それしか考えられなくなってくるんだよね。医者に頼みこんでね。多分、それは、濱川も同じだったたと思う。

そうやって踏ん張って、俺と濱川で「のぞみ」を支えて、「のぞみ」もまた俺達を支えてきた。

初期はいろんな政治家が来たり、二期目には映画関係者がたくさん来たり、いろいろあったけど、俺と「のぞみ」は雑多だった。その頃流行った店っていうのは、鉄鋼屋さんだとか、ファッション関係だとか、そういう糸偏、金偏だとかだった。もしも糸偏で、糸偏が駄目になっちゃえば、全部いっぺんに駄目になっちゃっただろうね。もしくは金偏すべてで、証券会社、銀行なんてやってたら、それも駄目だっただろうね。そういうのに固執して、偏った大儲けはいくらでもできたけど、「のぞみ」は、雑多だったんだよ。だから今ももってる。だからそういう役者関係も来るし、普通のサラリーマンでも商社関係がいたりもする。

いろんな業種のお客様。実はお客さんが大人で、いつまでたっても俺をガキでいさせてくれる。

何故節分に豆をまくか？南方熊楠が「十二支考」で鬼に豆を数えさせ視力を消耗させる為で、鬼神には眼毒が有り見られた者は害をこうむると信じられていた。最近の鬼は中国人の犯罪者で"目を付けると金欲しさに即殺人！正に"眼毒"である。こんな馬鹿共は磔《はりつけ》にして石の飛礫《つぶて》だ！ 同じ"目を付けられても"糸屋の娘の目はいい「姉は十六妹は十四、諸国大名は弓矢で殺す、糸屋の娘は目で殺す」（熊楠）

モヒトツ"目もと千両で色気は一万両解せぬあの娘のつれの奴"って 嫉くなって！

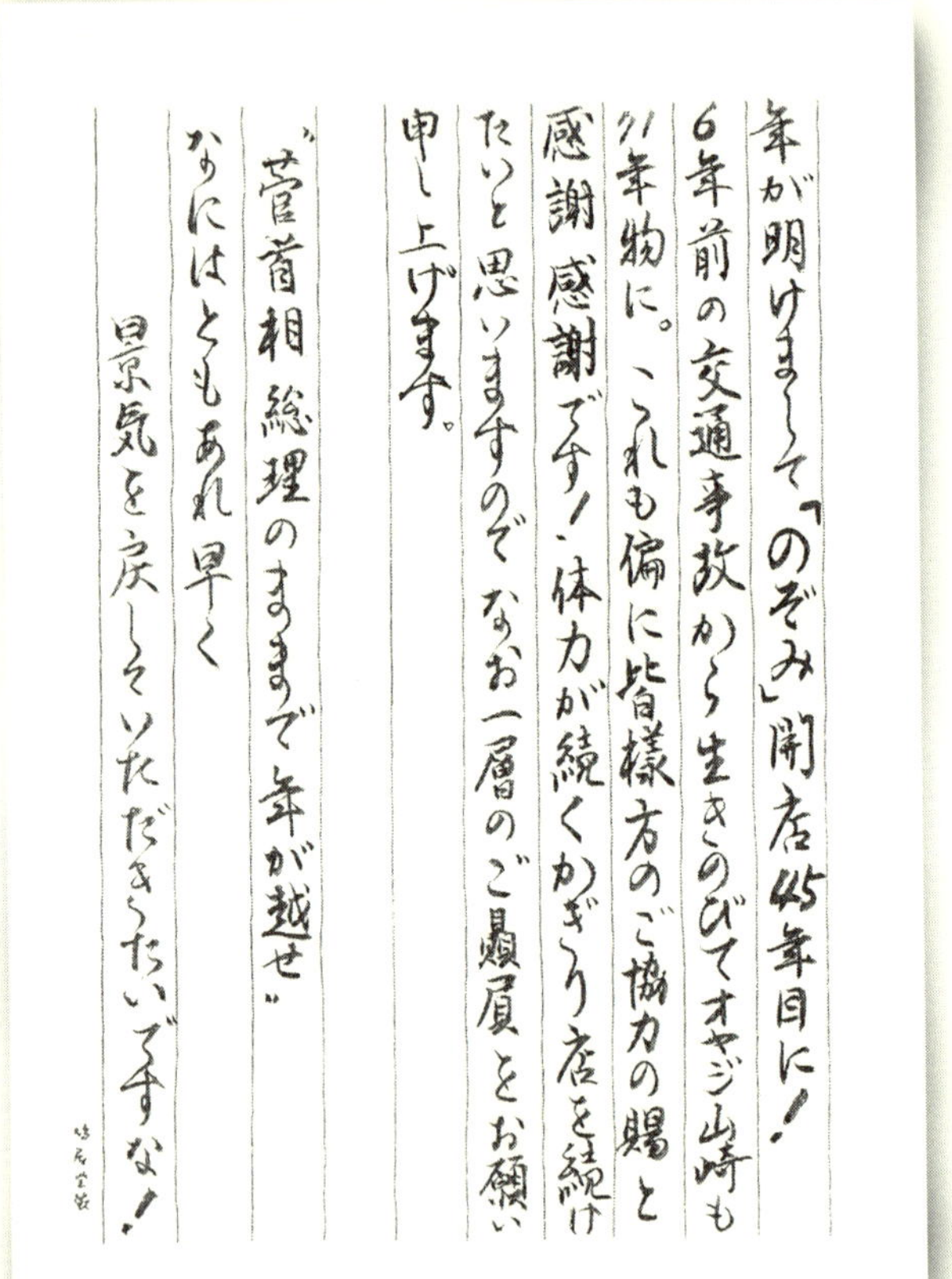

年が明けまして「のぞみ」開店45年目に！
6年前の交通事故から生きのびてオヤジ山崎も
71年物に。これも偏に皆様方のご協力の賜と
感謝感謝です！体力が続くかぎり店を続け
たいと思いますので なお一層のご贔屓をお願い
申し上げます。

"菅首相総理のままで年が越せ"
なにはともあれ早く
景気を戻していただきたいですな！

四期　二〇一一年――「のぞみ」は、もう俺でいいんだよ

余韻を愉しむよ。
そんな風に、俺が余韻を愉しんでる姿を
新しいヤツらに見せてやるよ。

めまぐるしく過ぎる時代の中で、それぞれの十五年が今の俺をつくっている。愛《いと》おしいようで、忌々《いまいま》しくもあり、それでもただここに「のぞみ」がある。いつだってここに「のぞみ」がいてくれるから、俺の日常が華やかに彩られるんだ。毎日のように開ける扉が重苦しく感じた日々もあったけれど、四十五年を共に歩み続けた「のぞみ」は、どうやって俺の手から離れていくんだろう……。

きっとこの先の十五年を「のぞみ」と一緒に迎えるのは無理だろう。どこまで行けるかわかんない。一年ごと。多分一年ごと。お客さんもそうだと思う。だから今、俺の目標は五十年。あと五年。五十周年で引退。七十六歳。俺は、「元バーテン」になるんだ。その辺で俺は「のぞみ」を置いて出ていくよ。

人生のうちの凝縮された何かがあるような、そんな四期目。今、一番篤《あつ》い時期だと思う。人間なんて、人生で最後が一番大切なんだ。自分がどうあるかっていうのが。絶対そうだよ。だから、どう終わるかっていうのも、七十歳になってからは、多少はね、設計というか、きっとその通りにはいかないだろうけど、ある程度の目星はつけておかないと、俺が腐る。

銀座五十年に幕を下ろす、その去り際っていうのは、俺らしく我儘に、独り勝手に、でも、やせ我慢だけは忘れずにカッコよく決めてやる。

今日の銀座を「のぞみ」で締めたいとか、「のぞみ」で始めたいとか、「のぞみ」でちょっとエネルギー補給してからもう一度クラブへ戻りたいとかさ、そういうお客さんの想いに対して、いつまでたっても迷ったり、後悔したりするかもしれない。でも、俺も頑張ったんじゃゃないかなって納得しながら、ありがとうって言いながら、最後に「のぞみ」の扉を閉めたいよ。

もちろん、ある日行ったら突然なくなっていたっていうのはよくないから、決めたら、そういう風にさせてもらうと事前に言うよ。少なくとも二年くらい前には言おうと思ってる。

そうやって線引かないと、誰も身動きとれなくなっちゃうからさ。特に今までさんざん支えてくれたカミさんはね。お互いが普通のサラリーマンだったら、六十なり六十五なりで定年になって、あとは老後をふたりでゆっくり過ごせる時間があるけれども、俺達にはなかったから。

だから、それは線引きしておかないとカミさんに申し訳ない。その線引きがいつだかわかれば、ご苦労様でしたって言えるって。この先だって、五年続けようが、六年続けようが、カミさんは俺に全部任せてくれているけれど、そんな風に文句も言わずに支えさせるのも、そろそろ潮時かなと思う。

店とか会社とか自分で持っちゃうと、自分だけの人生じゃなくなっちゃうよね。

来年は俺にとって六回り目の「辰」。俺の年だ。こうやって元気でやってこれたのもカミさんのおかげだ。普通の家庭の娘がバーテンのオトコにつかまって、ずっと専業主婦をやってきた。ダンナが帰ってくるのは朝方。我儘なダンナに文句も言わず、つくってくれる料理がまたうまい。

だけど、男なんて単純だなぁって我ながら思う。

毎年八月十五日の終戦記念日は、昔っから夏休みと称して、女房、子どもを実家に帰して、俺独り、うちに残るんだ。この時の「焼そばバゴォーン」と缶ビールは絶品。シャワー浴びたまますっぽんぽんで、クーラーはガンガンに利かせて、テレビから流れる映像は、たいてい高校野球の決勝か準決勝。ああいうのは、なんだろう、夏のひとコマとでも言うんだろうか、なんとも言えずワクワクしてね。男なんてホント、単純なんだから……。

今、四期目のお客さん達を見ていて、昔は、銀座だから結果として仕事がうまくいっちゃったっていう確率が高かったけど、その確率、高くなくなっちゃった。

そういうのがなくなっちゃったから、お客さんの好きなものを召し上がっていただくとか、もっとどこか違うところでうまいもの食っちゃうとか、なんかもっと、裸のオンナが出てきちゃうとか、直にそういうところに行くようになっちゃった。どこまでも直接的で、それこそ、遊びがなくなっちゃった。

だから「のぞみ」は、その遊びのない中で、やっていかなくちゃならなくなってる。じゃあそれは何かっていうのを探さなくちゃならない時期にいる。

前は、酒場には酒がある、クラブには色気がある、そういうもので済んだ。だけど今はそうじゃあない。プラスアルファみたいなものか、あるいは、うんとうまいものを、かつての銀座のサービスで、現代価格の低料金で喜んでもらわなくちゃならなくなった。

本来、酒は苦くてまずいものだから、うまいんだよ。それと同じように、人生も苦くてまずい。だから、生きていて面白いんだよ。でも今、苦い酒が好きなヤツは減った。人と人、男が男の味を知る、濱川がつくる食いもの、オヤジがバカ言ってる、そういった酒場の面白さ、それから、多少の品格。

そういうもの全部をひっくるめて若いヤツらに見せてやって、初めて銀座の価値観を見せられるんじゃないかな。

よく言うんだよ。飲めなくてもいいから、酒場ってこういうところだって味わいに来いよって。だけど、それには多少の緊張感が必要だよってね。飲み屋だからって、なんでもやっていいかって言うと、そうじゃない。金ばら撒くようなバカなヤツは、緊張感がないからそういうことをしちゃうわけだけど、そういうヤツは、緊張感を持ちながら酒場を愉しむっていう経験がないから、全部金で解決できると思っちゃってるんだよね。

そういうことの全部を若いヤツらに見せてやるための集大成。本当に俺が「のぞみ」と愉しむための時間が、今、始まったのかなと。

そこには濱川がいて、お客さんがいる。

ただ酒をいっぱい飲めばいい、金をいっぱい使えばいいっていうんじゃなくて、上手に、余韻を味わう。俺達が余韻を愉しんでいる姿を新しい人達や若いヤツらが見ってていいんじゃないかなって。

こんなもんだよ、人生なんて。こんなもんだよって。

「のぞみ」を銀座に構えて四十五年。とにかくここにいるのが愉しみなんだ。いくら客商売とはいえ、許せないものは許せない。客におもねる必要なんて、そうそうない。

ドラマチックなドラマも、なんとなく流れ過ぎたドラマも、俺にとったら日常だった。鋭かった牙はもうなくなり、今残っているのはやっぱり日常だ。日常を生きる老いた雄猫みたいなもんさ。四十五年、同じように過ぎる毎日を、違ったように生きてきた。

たかが飲み屋のオヤジ、されど飲み屋のオヤジ、客商売してりゃできることはなんだってあるさ。

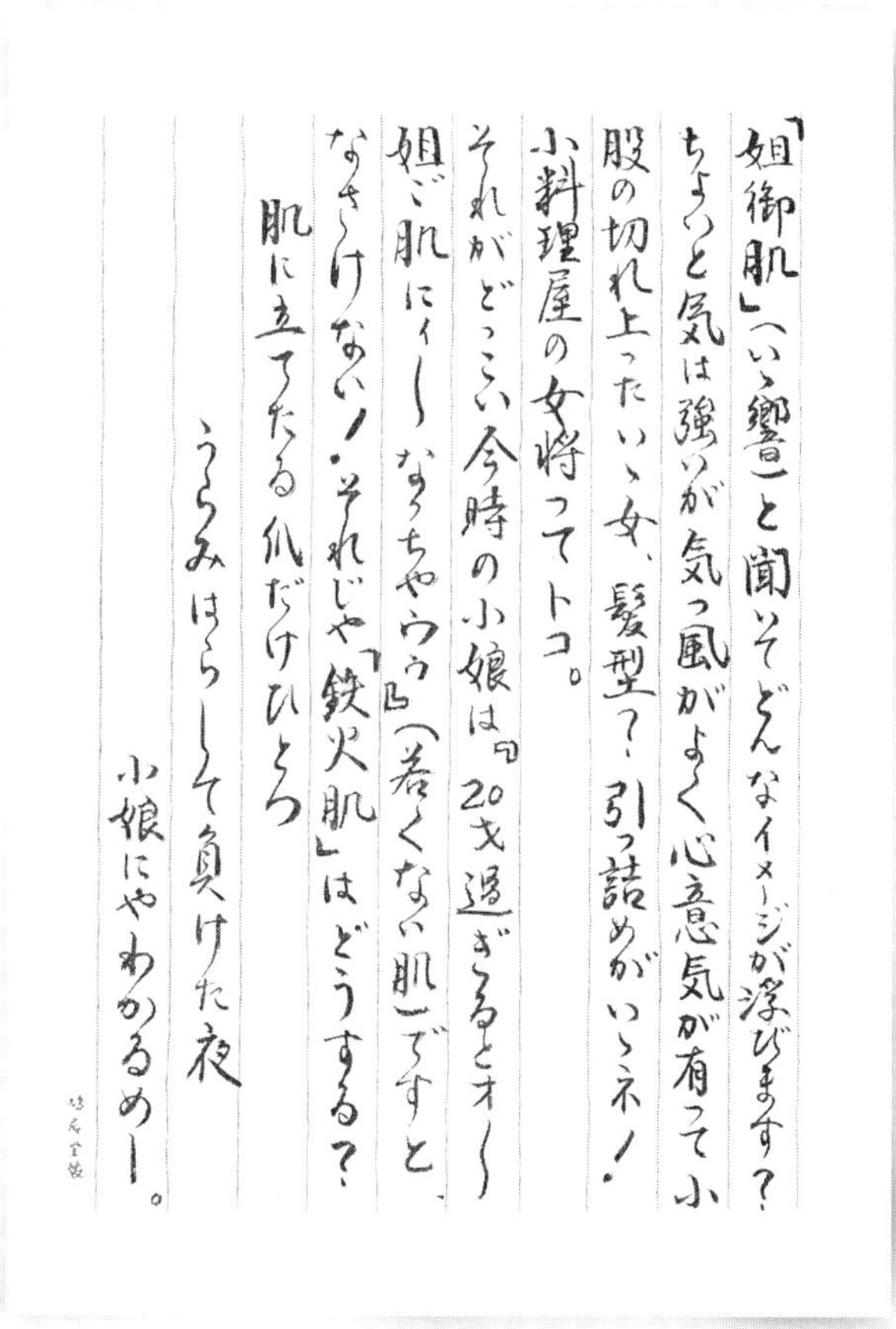
「姐御肌」（いゝ響き）と聞いてどんなイメージが浮びます？
ちょっと気は強いが気っ風がよく心意気が有って小
股の切れ上ったいゝ女、髪型？ 引っ詰めがいゝネ！
小料理屋の女将ってトコ。
それがどっこい今時の小娘は『20才過ぎるとオ〜〜
姐ご肌にイし〜なっちゃうゥ』（若くない肌）ですと、
なさけないノ・それじゃ「鉄火肌」はどうする？
肌に立てたる爪だけひとつ
うらみはらして負けた夜
小娘にゃわかるめー。

山崎君もマティーニくらいは

Ⅲ　銀座のオヤジの独り言

若者達には驚かされる一時はピアス、それもとんでもない所に、今度は刺青！ 先日エレベーターにかわいい子？若い娘が、背中を見て驚いた肩から背中にかけての彫物！蝶が舞っているデス。今風の下着ファッションだからかなり目立つ、或る種の職業の娘に（ヘッヘッ）聞いたところ極普通の娘でもこと。流行らしい、若い小説家の影響なのか、ショックでした、だが今女性が元気 オリンピック予選でも。坊や達も少し頑張れ！ 刺青は扨置き、「捨てないで」今じゃ男のいうセリフってか？

いい男の条件

男のやせ我慢って、辞書にどんな風に出ているか知らないけど、俺の言うやせ我慢ってのは、意地張ってるんだよ。いてぇーのに、痛くないって言ってるだけの話で、本当は痛くてたまんないんだよね。傍《はた》を気遣っているっていうのかな、だからやせ我慢しちゃう。その場はいいけど、しばらくしてその辺でぶっ倒れちゃったりするかもしれない。でも誰も知らないし、誰にも言わない。

カッコつけて背伸びしてないヤツは、やせ我慢なんてする必要ないんだよ、ただの我慢だけしてりゃあいい。我慢ってのは、誰が見ても我慢なわけで、別にカッコいいわけでもなんでもない。

いつもやせ我慢しろなんて、そんなのは理想だよ。でも、やっぱり、してた方がいいよ。男はやせ我慢をね。

男のいいヤツって、人にごちそうになってる時も、自分の金で飲んでる時も、同じ酒飲むヤツだね。人のごちそうだからって、すごく高い酒飲んじゃって、てめえのもんだからって、うんと安い酒飲んじゃうヤツって、ちょっとね。店の中からお客さん見れば、「売り上げ上げてくれてありがとう」って言うけど、独りで来た時にはちびちび安い酒じゃ、「よしなよ、みっともないよ」って言っちゃうね。

そういうのも「ようし今日はホントにゴチになる。うまい酒飲ましてもらうよ」って明るく言っちゃうヤツならね。そういうヤツはいいヤツ！　だからこっちも協力して、「いやぁーこんな酒、普通飲めないから飲め、飲め」って頑張っちゃうよ。

それを黙ってさ、「ボクはいつもこれを飲んでるから」って雰囲気で飲んじゃうヤツはね。それはきっと酒だけじゃなくて、いろんなことに通じるから。

「えー、この野郎、普段すげぇーいい酒飲んでいるのに、今日は落として飲んでるな」っていうのは、好感持てるじゃない。しかも、いつもとおんなじペースで飲んでるってヤツは。

厳しいけど、そういうもんだよ。だってついつい甘えがちじゃない？ 自分に対してって。やせ我慢もそれと同じなんだけどね。

まぁでも、こういうヤツは少ない。

それから、酒に強いヤツはいいね。強いというより、酒を愉しめるヤツかな。ただやみくもに飲めばいいってもんじゃない。でもやっぱり酒場に来るヤツには、愉しんで飲んでてもらいたい。

俺が「いそむら」に入った時、オヤジが教えてくれたんだ。

「酒場ってのは、みんな疲れて荷物しょって来るんだよ。会社の荷物しょって来て、それをみんな酒場に降ろしていくんだよ。だから、店が終わってお疲れさんって言った時、爽やかだったらこの店はダメだぞ。みんなの荷物をここにしょい込むわけだから、ずどーんと重くなきゃダメだぞ」ってね。

そういうもんなんだよね。

俺、我儘だから、時々軽そうな荷物の時は持ってけって、誰かが置いてった荷物しょわせて帰しちゃうんだよ。「またね」、なんて言ってね。

だから、荷物もしょって帰ってくれるヤツなんかも最高だね。

最後にもうひとつ言うなら、やっぱり、洒落の通るヤツ。洒落が通らないヤツは疲れちゃう。やっぱりどっかに相手を受け入れる余裕（それが遊び）、懐の広さがあれば最高だね。

WILD TURKEY
PLATTE

強がれ、カッコつけろ、男でいろよ！

酒が飲めて、「のぞみ」みたいなカウンターにかじりついてる若いヤツも、飲めないけど上司と一緒に来ました、教えてくださいってヤツも可愛いよ。だからそういう若いヤツらを増やしたいな。

それには、こっちの責任があるんだよね。飲めねぇヤツはダメだって、言いがちじゃない。飲めないなら酒場へ来るなって。

でもそうじゃなくって、飲めないヤツには飲めないヤツなりの粋な飲み方だって教えてやるんだから、一度来てみろよってね。

飲めない、飲まないヤツでも、酒場に対するそれなりの礼儀は必要だけど、それ教えてやるんだから、若いヤツで飲めなくてもいいから、ちょっと来いと。で、そういうヤツらが、ちょっと来られるような場所にしたい。

古いお客さんだって、全然飲めない人が銀座でがんがん遊んでるよ。何人もいる。だから、飲めないから遊べないって理由づけにして遊ばないのはよくねぇよ。飲めなくってても「のぞみ」は受け入れるんだから。

その代わり、粋にやれよと。ジュースくださいって言うな。ノンアルコールビールでもいいし、ジンジャーエールでもいいし、それ風に見えるものをちょっと置いとけよ。薄めでつくってくださいって置いとけよ。

「すみません、飲めないんです」ってコソッと言ってくれれば、ほかのものをすっと出すんだから、とりあえずそれはそれで置いとけよって、それは先輩が教えないといかんね。

飲めないから焼そばちょうだいって、「のぞみ」も焼そば置いてるよ。メニューにあるんだから。焼そばとお茶飲んで帰ったってお客様ですよ。

でもね、銀座のホステス達には、俺はうるさく言う。

「バカおまえ。焼そばとお茶だけで勘定って、おまえ銀座のオンナだろ。ひとりで焼そば食って、お茶飲んで店行くんじゃ今日絶対閑《ひま》だぞ。飾りでもいいから、横に一杯置いとけよ」ってね。

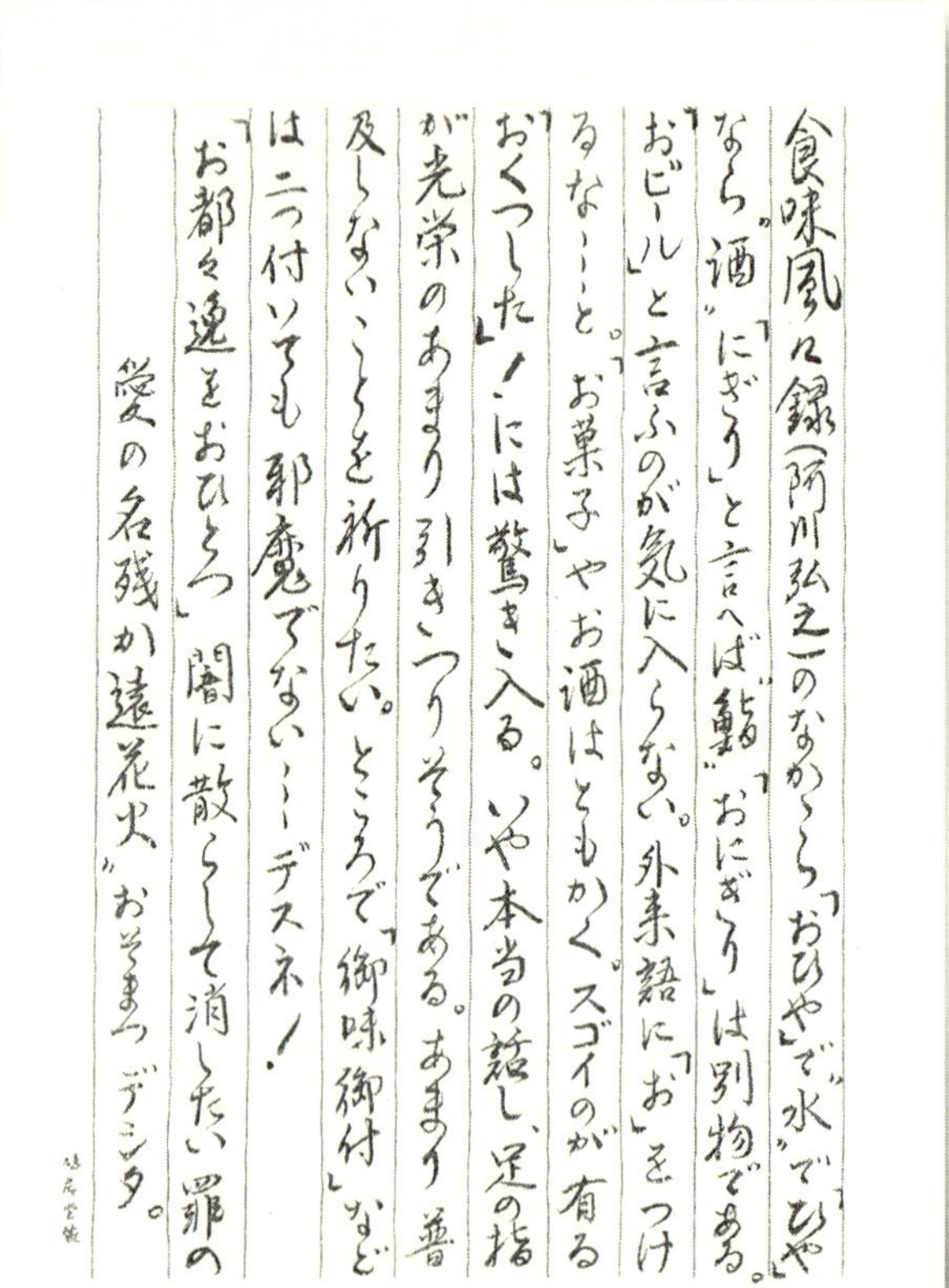
食味風々録（阿川弘之）のなかから「おひや」で"水"で「ひや」なら"酒"「にぎり」と言へば"鮨"「おにぎり」は別物である。「おビール」と言ふのが気に入らない。外来語に「お」をつけるな――と。「お菓子」やお酒はともかく、スゴイのが有る「おくつした」!には驚き入る。いや本当の話し、足の指が光栄のあまり引きつりそうである。あまり普及しないことを祈りたい。ところで「御味御付」などは二つ付いても邪魔でない――デスネ!
「お都々逸をおひとつ」闇に散らして消したい罪の愛の名残が遠花火"おそまつ"デシタ。

ここが男の通しどころ

オープン当初の「のぞみ」は、午後六時から深夜二時半まで店をやっていたから、この長い間の時間、ボーッと立ってるだけで、しゃべっちゃいけない、酒も飲めない、なんて言われたら、さっさと辞めちまってただろうね。

ある時さ、今までの人生で俺がどれだけ飲んだかっていうのをざっくり計算してくれた人がいたんだよ。そしたら、なんと東京ドーム三杯分だって。どんな量り方しているのかは知らないけど、東京ドーム三杯分の酒が、俺の身体を通ってますよって。さすがにたまげるね。

ただ、ビールが好きでさ、平均すると毎日十本くらい飲んでる。

今までで一番飲んだのは、小瓶で三十本。ちょうど一ケース。自慢することでもないけどさ、さすがに翌日はキツイ。

でもね、そんなのを見兼ねたのか、ここ二、三年、濱川が王冠をそっと俺の手元に置くようになったの。

「おまえ、今日はこれだけ飲んだんだぞ」ってね。

あいつはね、無言のうちに何かを言おうとしてるんだよ。面白いヤツだよね。四十年、我儘な俺の横で無言でそっと何かを言い続けてる。

これだけビール好きだから、痛風もやってる。でもこの商売してりゃ、痛風だけじゃなくて、その手の病気はだいたいやってるよね。痛風もさ、診てくれてる医者が、俺のことよく知った人でね、治すには、ふたつの方法がありますって言うんだよ。ひとつは、「食生活をきちんと守って、お酒をやめて治す」。もうひとつは、「薬を飲んで抑えながら、てきとうにお酒を飲む」。そりゃあ、後者でしょ。

こんなことやって、今じゃもう何年になるのかね。若くはないけど、男のやせ我慢の通しどころ、ビール好きの店主で、もうちょっと楽しませていただきますよ。

女性には、知性を。そして、いくらかの恥じらいを。

算数ができるとか、国語が上手とかじゃなくって、バカなオンナはヤダね。いっくら、いいオンナでも、バカはイヤ。アホも絶対やだけど。俺がバカだから。

谷崎潤一郎の『痴人の愛』のナオミ。あの手はイヤだね。ああいう白痴美人的なのはいるじゃない。時々ふっとそそられるっていうのがあるんだろうけど、俺はイヤだね。

やっぱオンナの色気は、知性だよ。頭のいいオンナって色っぽい。心根のないオンナは色気がない。でも、その色気をわかる男が、また数少ない。

男でいうと、いい意味で野球バカだとか、なんとかバカだとかって言うけど、オンナのそれはよくないね。割と女の子ってひと筋っていうか、一本何かに取り組んじゃうと、ほんとにそれっきりになっちゃうことが多いような気がする。少しの余裕というか、振り幅がなくなっちゃうのかなって思うんだよね。

魅力的なオンナは、やっぱり知性。それで、それを鼻にかけない。あとは親の愛情をどのくらい受けて育ったかによって随分変わる。自分がそうだからわかるんだけど、片親って、男もオンナもすぐわかる。銀座は二十歳《はたち》を迎えたくらいの女の子達が多いけど、ひょっとして、この子片親かなって思うとほとんど当たる。

せっかくきれいなのに、かわいそうだなって思うよね。気が強いし、人の話を最後まで聞かないで自分が喋り出しちゃうとか、「そのくらいのこと私だって知ってるのよ」って、相手の声より大きく言い返しちゃうとか、リード取っちゃうんだよね。そこで少しの恥じらいを覚えれば魅力的なのにね。

八月

或るレストランで　食事を済ませた中年カップル、
男性が席を立つ、女性急いでハンドバックを持って
人目に付かぬ場所で後向き、そこで素早く紅を
差し直す。いゝネ！なんとも憎い立ち居振舞だ！
電車内で人目憚らぬ化粧直し　それは滑稽な
「お化けショー」同じ女性でも随分差がある。
少くなったネ「好い女」

「あいにく男にゃ女性はいらぬ
探す目当ては　いゝおんな」ってか！

運鈍根《うんどんこん》

「のぞみ」の入口脇に掛けてある「運鈍根」。

京都出身の木工家、黒田辰秋《くろだたつあき》という凄い人が書いてくれたもの。当時、黒田辰秋と共に活動してた有名な人は、棟方志功《むなかたしこう》や河井寛次郎《かわいかんじろう》とかだね。だから、達筆に書いてあるけど、書家が書いたわけじゃない。

京都に河井寛次郎の登り窯が、もう火は入らないけど、まだそのまま残ってるんだけど、あそこのお住まいの脱衣の籠やテーブル、椅子なんかは、黒田さんがつくったもので、今でもまだ展示されている。ほかにも、昭和天皇の文机や、黒沢明がコマーシャルやった時のテーブルや椅子も、この人がつくってる。そんな凄い方が書いた書でね、だから落款《らっかん》もちゃんと「辰」って入ってる。

「運鈍根」という言葉自体は昔からある言葉だから、政治家なんかが座右の銘とかでよく書いたりするんだよね。

運気、鈍気、根気、なんていうらしいんだけどね。

運というのは、生まれてきたという運勢。生んでいただいたという運勢。

そして、それを生かすには、鈍《どん》が必要となる。鈍というのは鈍《にぶ》い。鈍いというのがどういう意味かというと、剃刀はヒゲを剃れるし紙もスパッと切れる。ただ薪は割《わ》れない。その代わりに、鉈《なた》を使う。鉈は鈍器。だけどよーく研いでおけば、ヒゲも剃れるし、紙も切れるし、薪も割れる。

だけど、そのためには、根気が必要になる。根性ではなく、根気がね。

この「運鈍根」というひとつの言葉の中に、人生がピタリと入っている。

運鈍根

踏み倒されない酒代

交通事故って突然だからね。バブルが弾けた時に、二組いたかな。でもそんなもんで、ほとんどないから恵まれてるよ。

臭いヤツはいるんだよ。今はいいだろうけど必ず駄目になるなって。だから、それは追い返しちゃったりする。やっぱり嗅覚っていうか、匂いがわかるようになってくるんだよね、いつの間にか。

オープン当初のガキの頃はそんなのわからなかったけど、その当初は景気もよかったし、ただ恵まれてもいた。だけど、その景気が落ち込んできた頃には、こっちも少し歳で、訓練受けてきたし、わかるようになってきてたから、ああ、おまえダメ、おまえはいいよってね。

「こんな店、二度と来ねえ」って言うヤツは、「いいよ、二度と来るな」って帰すけど、でもね、そういうヤツって、聞くとどっかで迷惑かけてたりするんだよね。税理士はびっくりしているよ。そういうのがほとんどないに近いって。

でも、何軒かはある。決してゼロではない。

ただそれは、誰かの紹介だから、紹介してくれた誰かがちゃんとしてて、少しずつでも、そいつが返そうとしてくれるんですよ。それは断るけどね。俺が貸したんだから、俺の責任。そりゃ気持ちはありがたいけど、じゃあその代わり、その分だけほかのお客さん呼んでよってね。

銀座って、「のぞみ」って、そんな場所。もしもこれが外《ほか》だったら、ないと思う。まず、紹介してダメになったら、その紹介した女の子がもう店に来ないだろうね。そういうところがね、銀座って街だよ。面白い街だよ。

前は、会えばその人がどのくらい稼ぐか見当がついたから、こいつならツケにしてもいいかとかあったけど、今はそういうのもないし、危なくなったね。でも、もしもそうなったら、しょうがない。誰のせいでもない、お互いの責任。そういう場所だよ、銀座は。だから、その保険っていうか、危険手当っていうか、そういうのがついて、少々お高い。それはお客さんもわかってる。

そういう人達が集まっている場所なんだから、遊ぶ場所っていうより、金使う場所だよ。金使ってなんぼ。そん中から遊びを覚えていく。

だから、遊びを知ろうとして銀座に来ちゃっちゃダメ。金使おうと思って来ないと。それで、結果、遊んだって感覚じゃないと銀座が遊ばせてくれない。

金がすべてを解決するかっていうと、そうでもない。そこには義理とか人情もある。だけど、使い方っていうのかな。すべてがムダ金。だから遊びのないヤツはダメなの。逆に損しちゃうわけだよ。そこでちょっとやっときゃいいものをやらないばっかりに、あとで大損こくわけだ。

交通事故に遇ってさ、三等車に乗ってるから死んじゃって、一等車に乗ってるから助かっちゃったっていう場合もあるわけだよ。

銀座がいいところっていうのは、飲み屋だけじゃなくって、和光があって、三越があって、食いもの屋にしても、ファッションにしても、喫茶店にしても、そういうのって総じてセキュリティーだと思うんだよね。銀座っていう街すべての。だからそのセキュリティーの中で中毒出したら終わっちゃうし、三日で着るものがほつれちゃったらダメだし、ハイヒールのかかとがとれちゃダメだ。

その代わりいいものを提供するから、ちょっと高いかもしれないよっていう、いろんな意味のセキュリティーだよね。


田舎から出てきてコンプレックス抱えたオヤジが、なんかのきっかけで四十五年も銀座で店ができちゃうんだから、それも魅力だよ。完全に麻酔にかかった。銀座っていう街の中毒にかかった。

俺なんて店行くのが愉しくて仕方ないんだから。妻の元を離れるのがちょっとさびしいけど——なぁんて、いや、本音デス。

――かるい寝息が　となりにあれば　ただそれでいい　年齢《とし》になる――

W杯チケットのことで気になる記事が「親子連れが入場を拒否された」10組もです。理由は「年齢にかかわらず全員にチケットが必要」だそうで乳幼児・0歳児でも。親が「抱いて観戦するから」とか「子供の分も払うから」。でもダメ！そこで両親のどちらかがスタジアムの外で子守をしたり自分のチケットを子供に譲りテレビ観戦。中は可成の『空席』が有ったと言うのに、だが子供も馬鹿騒ぎの中では迷惑か？

『空席』と言えば当店も「バイロム社には依頼してないのだが？」"月曜～金曜空席有り電話予約受付中"直接"のぞみ"乎

西洋膳所
のぞみ
のぞみ

西洋膳所
のぞみ

山崎勝正

〒104-0061　銀座 7-2-9 平山ビル 1F
TEL 03-3571-2894・2907

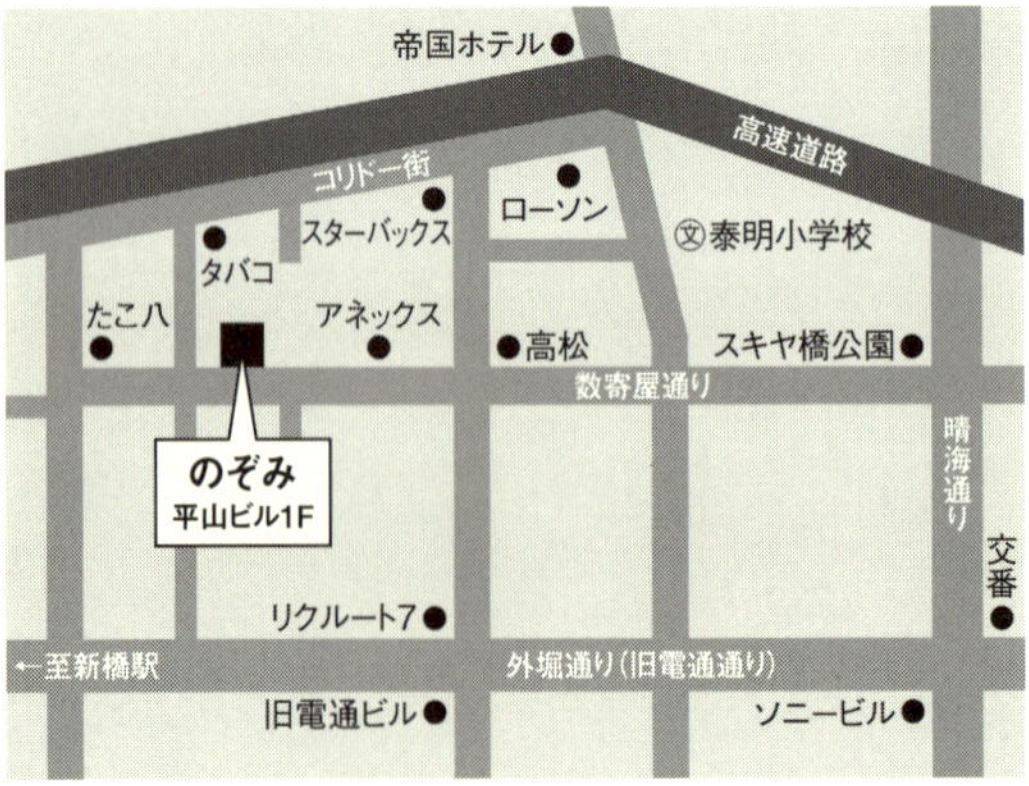

JASRAC 出 1111586-101

のぞみ
GINZA's BAR 45th

二〇一一年十月十二日　初版発行

著　者　山崎 勝正
発行者　井上 弘治
発行所　駒草出版　株式会社ダンク 出版事業部
〒一一〇—〇〇一六
東京都台東区台東一—七—二 秋州ビル二階
TEL 〇三（三八三四）九〇八七
FAX 〇三（三八三一）八八八五
http://www.komakusa-pub.jp/

装　丁　荻原正行（ダンクデザイン部）
本文組版　Mojic
印刷・製本　シナノ印刷株式会社

ISBN978-4-903186-95-5